决策
Willful
HOW WE CHOOSE WHAT WE DO
背后
什么影响了
我们的选择

［美］理查德·罗伯 (Richard Robb) 著

曾一巳 张慧卉 译

机械工业出版社
CHINA MACHINE PRESS

北京市版权局著作权合同登记　图字：01-2021-2533 号。

图书在版编目（CIP）数据

决策背后：什么影响了我们的选择 /（美）理查德·罗伯（Richard Robb）著；曾一巳、张慧卉译. —北京：机械工业出版社，2023.11

书名原文：Willful：How We Choose What We Do

ISBN 978-7-111-74364-4

Ⅰ.①决…　Ⅱ.①理…②曾…③张…　Ⅲ.①决策 - 通俗读物　Ⅳ.① C934-49

中国国家版本馆 CIP 数据核字（2023）第 229901 号

机械工业出版社（北京市百万庄大街 22 号　邮政编码 100037）

策划编辑：白　婕　　　　　责任编辑：白　婕　　单元花
责任校对：郑　雪　许婉萍　　责任印制：刘　媛
涿州市京南印刷厂印刷
2024 年 1 月第 1 版第 1 次印刷
147mm×210mm·6.625 印张·1 插页·129 千字
标准书号：ISBN 978-7-111-74364-4
定价：69.00 元

电话服务　　　　　　　　　　网络服务
客服电话：010-88361066　　机　工　官　网：www.cmpbook.com
　　　　　010-88379833　　机　工　官　博：weibo.com/cmp1952
　　　　　010-68326294　　金　书　网：www.golden-book.com
封底无防伪标均为盗版　　　　机工教育服务网：www.cmpedu.com

当全世界的喜悦都竞相呈现在拉比亚伦眼前时，他只是摇了摇头。"即使这些喜悦真实存在，但在享受之前，我乐于为此付出汗水。"他最后说道。

——马丁·布伯《哈西德故事集》

Willful
HOW WE CHOOSE
WHAT WE DO

目录

第一部分

生活是一杯混合饮料

Willful
HOW WE CHOOSE WHAT
WE DO

第一章

冒险：跳出选择的目的性

　　首先，我要在这里进行一段自我忏悔。比如，当事情发生变化时，除非走投无路，否则我一般不会改变自己的观点，即使改变，也是尽可能地少改。又如，我是一个工作狂，虽然平素喜欢假装工作令我很痛苦，但事实是，没有工作的话，我将会迷失方向。再如，我之所以常常拖延是因为越临近最后期限，无聊的任务越会令我兴奋。还有，我买牛奶时会仔细比价，会因 20 美分的差价而选择去更便宜的超市，但是 18 年来，我一直把哥伦比亚大学给我的退休金投资于收益率低的货币基金，错过了蓬勃发展的股票市场，而我还教经济学。此外，我偶尔会尽力帮助一位泛泛之交，但其实有更多值得我去帮助的人。

即便如此，一直以来，我都认为自己是一个理性的人。

最后，我还想说一句：我并不对以上谈论到的这些内容感到尴尬，因为这是人类的普遍境遇。我不认为自己特别受行为偏差困扰，虽然行为偏差如今已经成为人们为没有达到高度理性而找到的挡箭牌。好吧，也许我确实会时不时地掉入陷阱，例如"禀赋效应"（高估自己已经拥有的物品的价值）或"乌比冈湖效应"（和美国 93% 的驾驶人一样，认为自己的驾驶水平高于平均水平），但很难确定是不是行为偏差决定了个人的行为——毕竟话说回来，行为经济学研究的就是盲点问题。

我并不认为是偏见造成了我的选择固执、"好劳恶逸"、任由问题加剧（尽管明知事前预防远远好过事后弥补）、个人理财方面草率行事，以及随机性的利他主义或其他看似非理性的行为。恰恰相反，我认为我的行为源于无可指摘的人类本能冲动。拥有与他人和我们以往经历相契合的信念，并长时间保持这些信念，已成为身份认同的一部分。

机器人为了达到目标可以实现灵活转向，但我却不能——为什么我要改变信念来满足未来的我可能会有的愿望？我还意识到，工作和参与许多活动一样，部分原因是我们可以确定的，例如希望增加经济利益、促进同事情谊、提升地位；部分原因则是希望享受类似游戏般的愉快体验——在游戏中，我们只是玩。我们在世界舞台上表演，仅此而已。

然而，感觉却并非如此。我们可能做出错误的选择或不断重蹈覆辙。从某种程度上讲，那时的我们很可能觉得自己正在向目标靠近。当我们毫无目的地行动时，往往会在事后为行动编造理由，就像正在睡觉的人听到狗吠便可能把它编织进自己的梦境一样——如此编造理由有助于我们维持理性的自我形象。

看起来我似乎不认同经济学理论的支柱——理性选择，但这其实是个误会。理性选择阐明了我们很多行为的原理，它强调我们会竭尽所能地利用所掌握的信息和资源来满足需求；我们会比较所有的可选项，然后选出偏爱的那一个。

我没想对此理论发起攻击，事实恰好相反。每个学期开始时，学生通常会提出两种反对理性选择理论的观点，而我总是会选择为此理论辩护。这两种反对观点，一是他们认为自己不是计算机器，二是他们不是物质主义者。第一种观点毫无根据，原因在于无论能否意识到，我们的行为事实上都很可能遵循了理性选择理论。亚瑟·叔本华（Arthur Schopenhauer）曾讲述了一头大象穿越欧洲的故事。这头大象一路上经过了无数桥梁，但在一座摇摇欲坠的桥梁面前驻足不前。即使看到人和马都纷纷通过了，这头大象仍然选择停下脚步，因为它感觉这座桥将无法承受它的重量。[1] 这头叛逆的大象揭示了许多经济学理论背后的重要直觉：当一项决定举足轻重时，人甚至动物都是相当聪明的。

至于第二种反对观点，经济学并不假定人们只关心他们自身及他们所拥有的物质财富——个体选择满足或效用最大化也可能是由利他主义、为他人福祉考虑或遵守道德标准等多项因素驱动的。

就算考虑到利他主义，并能接受计算得失可基于直觉这一说法，相信你自身是一个严格的理性人也可能使你不安。对此，传统学说提供了一个新的思维框架，即行为经济学。行为经济学拓展了理性选择理论，将偏见和直观推断纳入其中。一个按偏见行事的人也会试图达成个人所求，但经常达不到目的。行为经济学家希望通过识别偏见来帮助人们修正行为，并使其按照经济模型行事。如果说理性选择理论一味地将人视为偏好决定行为的机器人，那么行为经济学家则认为这些机器人的程序设计不当。

理性选择和行为经济学都假定行为是有目的的，人们努力使结果最优以满足既定愿望——人们要么知道自身偏好并能准确描述，要么可以感知偏好，表现得就如明白自己所想所求一样。有目的的选择模型可以解释很多事情，但不能解释一切。有时，我们采取某些行为不是为了任何实际利益，而是仅仅愿意这样做而已。我们无法对这些行为及其他行为进行排序或取舍。这些行为属于行为的第二个领域，既不是理性的，也不是非理性的，而是为了行为本身的"自为行为"。

假设一位妻子准备跳入河中去挽救她溺水的丈夫，我们不会指望她表现得很理性。所谓的理性是指，妻子会计算出挽救丈夫带来的未来收益的现值，并乘以成功挽救丈夫的概率（扣除丈夫自救的概率），然后减去她溺水的概率乘以她自身的价值所得到的数值。就事论事，溺水的是她所爱的丈夫已经能让我们的讨论变得足够简单了。若要证明她的行为是在遵循某种一般性原则，任何理由、任何模型或计算，以及任何尝试都将不会比以上事实更有说服力。如果我们认为她当时的决定还有其他原因，那么用哲学家伯纳德·威廉斯（Bernard Williams）的话说，就是"多此一举"。[2]

"自为行为"与其他行为的区别并不在于该行为的决定是否攸关性命。日常中许多非"拯救丈夫"级别的行为都属于"自为行为"的范畴。在普莱斯顿·斯特奇斯（Preston Sturges）1942 年的爱情喜剧电影《棕榈滩的故事》（The Palm Beach Story）中，得克萨斯州的一位上了年纪的香肠大王（Wienie King）[⊖]决定向身无分文的克劳黛·考尔白（Claudette Colbert）饰演的女主角伸出援助之手——她让他想起了自己一无所有的年轻时代，故而不由自主地对她进行了一次无偿馈赠，给了她700 美元后便说了"再见"。即使可能有其他人更值得得到帮助，但香肠大王也不可能帮助他遇到的每个人。他因女主角而做出的"自为行为"是无法预料的，他只是按照自己的喜好做罢了。

在这些情况下，不管是挽救丈夫的妻子，还是大发善心的香肠大王，他们都不是根据任何计算来采取行动的，但他们在一些场合肯定还是会根据计算来行事。我并不是让大家完全放弃选择的目的性，只是想提醒诸位，要认识到关于人类行为的

　　⊖　Wienie 是 wiener（中文意思为"维也纳香肠"）的口语表达，电影中的"Wienie King"就是"香肠大王"的意思，其所拥有的企业为 Texas Wienie。——译者注

故事还有更多内涵。也许你的大多数行为都符合目的性模型：有时，你表现得很理性，对自己的最佳行动方案充满信心，并能够解释清楚背后的逻辑；有时，你就像那头超级聪明的大象，仅凭直觉就能找到最佳的行动方案；有时，你也会成为行为偏差的"受害者"。但是，其他时候，你的行为并不属于上述任何一种情况。

诚然，我不会提倡"行为不必有明确的目的""行为不必结果最大化"，但我也不认为我们总是要根据已知信息去选择看起来最优的选项。照此看来，我的立场并不一致，究其原因，不仅因为我是一名经济学家，还因为我在芝加哥大学受过教育——芝加哥大学可是理性选择这一经济学理论的"最高殿堂"，而我依旧热情地向我的学生传授着这一理论。

一、沉醉于理论世界

对我而言，意识到不是所有行为都有目的这一点并不容易，我的思想走过了一段漫长且迂回的路程。

从 20 世纪 80 年代开始，我就沉醉于新古典经济学的世界，该学说假设理性选择、供求平衡成立，并且试图基于这些内容尽可能地解释世界。当时，作为芝加哥大学在读博士研究生的我，觉得在自己所看到的任何地方，人们都表现得很理性。于是，我认为，经济学理论不仅适用于货币和市场，而且适用于其他的一切。为什么 A&P 超市[⊖]会用小纸盒包装新鲜的豆子？答案很简单：如果店家用大箱子散装豆子，那么人们购买时就会从成本效益[⊜]平衡出发去挑选品质好的豆子。为了抑制这种无谓的挑选，超市向所有人出售随机包装好的豆子。如此一来，消费者花费了更多的金钱，但避免了挑选所浪费的时间。那么，A&P 超市是否应该将品质好的豆子放在盒子的最上层，让顾客可以直接看到？答案是不应该，如果超市真要这样隐藏品质差的豆子，还得向负责装盒的工作人员支付额外的工钱，而理性的消费者也会逐渐认识到"所见非所得"。我和同学整天分析着这样的案例，渐渐地，我们自以为揭示了世间隐含的秩序。

当然，我们也不是没有疑惑的。我们想知道，为什么我们选择了芝加哥大学攻读博士，选择了这样一种毫无舒适度可言的生活。我们没钱，天很冷，公寓里到处是蟑螂，我甚至都不想管它们了。在授予博士学位之前，芝加哥大学大约会淘汰80% 的学生。其实，我们中的一些人也获得了其他顶级学校的博士录取通知，但他们最终还是选择来到以博士生资格考试之难而出名的芝加哥大学"折磨"自己。我们告诉自己，就读芝加哥大学是积累人力资本的最优路径，而这些资本可以让我们在开始学术生涯后获得足够高的收益。但内心深处，我们知道这并不是真正的原因。不知何故，我们喜欢去挑战高难度。如

⊖　美国老牌超市 A&P（全称为 the Great Atlantic and Pacific Tea Company）作为连锁超市的鼻祖，有近 150 年的历史，但已于 2010 年申请破产，2015 年正式破产。——译者注

⊜　成本是指时间成本，效益是指得到品质好的豆子。——译者注

果非要用某一种备受推崇的理论来解释奋斗对我们的吸引力，似乎不太恰当。

入学后不久，我和同学偶然知晓了行为经济学，当时它成了理性选择正统学说的替代选择。各种各样的实验都记录下了认知偏差。在一项著名的实验中，对于立即获得 10 美元和一年后获得 21 美元这两个选择，实验对象表示两者并无差别。此外，对于立即支付 10 美元和一年后支付 15 美元这两个选择，实验对象也表示两者并无差别。但是，不管是获得资金还是支付资金，理性人理应在某一贴现率下，以当前较少的现金去等价换取一年后的对应现金。理性人的这种行为偏差被解释为"收益—损失不对称"（gain-loss asymmetry）理论，即人们面临延迟收益所需要的补偿金额，要大于他们愿意为延迟损失支付的金额。[3]

事情要是真有那么简单就好了。如果事实如此简单，我们要做的就是通过实验记录偏差（比如收益—损失不对称所反映的偏差），并据此相应地调整我们的模型。那么，理性选择，连同该理论对市场和人类行为诸多方面的解释，都可以在很大程度上得以保留。但最终看来，行为经济学似乎并不能解决新古典经济学理论中存在的问题。通常，当我们可以用心理学方面的理论来解释行为经济学中的一些表象难题时，如果我们足够努力，就可以基于理性选择理论来解释相关资料、计算相关数据。例如，在上述收益—损失不对称实验中，我们是否应该把要账成本计算在内？作为收款方的实验对象应该倾向于现在就拿到钱，而不是不得不一年后再去找做实验的教授，并说服他付款——用相差的 11 美元来补偿信用风险和收款不便，似乎很合理。同理，作为付款方的实验对象应该也会愿意选择为 5 美元赌一把——如果教授把要钱的事情抛在脑后，双方从此不再联系就好了。考虑到这些因素，实验结果就合理了。

因此，我和同学将行为经济学家的实验比作游戏错觉：有娱乐性，也有一定的启发性，但对日常生活几乎不重要。在没有其他更好的选择的情况下，我与经济学理论达成了一种不稳定的"和解"：我承认行为是有目的的，选择大多是理性的且伴有一些认知偏差。

1985 年毕业后，我选择在芝加哥从事债券方面的工作。时光流逝，我仍然对新古典经济学深信不疑，同时还对那些时髦的"异端理论"保持警惕。然而，随着我经历得越来越多，传统模型与我个人生活不相符合的事实日益凸显，我也越来越不安。

首先，我从"旅程比目的地更重要"这句话中知晓了很多道理，尽管在以目的为导向的世界观里，旅程本身几乎没有任何地位。在工作中，我因沉迷于各种各样的挑战感到幸福，而这些挑战自有其意义。关于我是如何努力突破市场限制的，以及我的公司是如何作为一个团队与其他公司进行竞争的，或许可以用体育运动来做恰当的比喻。

其次，我困惑于自身对固有理念的偏执，特别是当它们与新的数据或专家观点发生冲突之时。在芝加哥大学的圈子外，我见识到了各种各样的观点，这让我大为惊奇。对于有证据支撑的普遍观点，为什么这些所谓的理性人都没能达成一致呢？

再次，我与一些人达成的交易可以说是理性选择的结果，正如我学习到的那样。但与此同时，其他许多交易却不能用理性选择去解释。相比我能够做出的解释，这些交易（行为）可以说更为复杂，或者也可以说更为简单。例如，为什么我今天会给这个人机会，而不是明天？为什么机会不是给其他与我关系更好的人，或有同等价值的人？如此看来，成本效益计算并不总是起作用。

最后，我开始疑惑：从理性选择的角度来看待世界，究竟会对我们的内心世界有什么影响？不考虑具体的事件背景，一味地去计算表面得失（即使是在无意识的情况下），是否会让我们的经验区域匮乏？凯恩斯（Keynes）的警告或许是对的："伪理性地看待人性（将导致）判断和感知上的单薄与肤浅"。[4]

二、理论与现实的冲突

1992 年，我搬到纽约市，在日本第一劝业银行（DKB）——当时日本最大的商业银行——的衍生品子公司担任首席期权交易员。我简直爱上了第一劝业银行。可以说，这份工作如同一项运动，我每天都想参与其中。工作意义重大，我们每天都在解决那些对银行、对客户来说至关重要的问题，挑战千变万化、令人兴奋。后来，我晋升为银行在纽约、伦敦和香港等地衍生品和证券子公司的全球负责人。我几乎没有什么闲暇时间，但没关系，我也没什么其他想做的。

其中，我最难忘的经历是在 1998 年 11 月亚洲金融危机期间。诸如日本信贷、日本长期信用银行、山一证券等备受市场追捧的日本金融机构接连破产，我所在的第一劝业银行也岌岌可危。当时，我们本打算为消费金融巨头欧利克（Orico）承销日本第三笔汽车贷款支持证券，但东京方面的负责人让我取消这笔交易。他们担心我们无法向投资者出售这些证券，导致银行颜面尽失。

我对此愤愤不平。在此之前，我已承诺为欧利克筹集这笔资金，期待由此向外界证明，就在其他机构慌了神而不知所措之时，我们第一劝业银行仍可以照常开展业务。为此，我"威胁"东京的上司，除非允许我们把交易完成，否则我将辞职，团队中的其他人可能也会辞职。终于，在我们的虚张声势之下，交易可以继续。我们则同意缩小发行规模，承诺竭尽全力把债券卖光。如果失败，那就不是主动辞职，而是被炒鱿鱼。对此，我们银行债券销售人员集体迎接挑战，在交易完成的那一天全员共享胜利的喜悦。

我为什么要在乎银行取不取消交易？为什么 20 年后我还在谈论这笔交易？经济学家可能认为，我是出于担心未来收入下降的缘故，不管是继续留在银行，还是找新工作，交易失败都会让我的前景蒙上阴影。但事实并非如此。作为一个血气方刚的年轻人，我就是想证明一下自己，仅此而已。

对于认为"工作是为了挣钱消费而牺牲休闲"的观点，我越来越不相信。比如我在第一劝业银行经历的种种就是一种非卖品，我不可能通过购买得到；即使它们可以被出售，花钱也毫无意义，我也无法确定这些经历的交换价格。我很苦恼，因为我无法将工作属性硬塞进理性选择的框架中。这需要另一种分析框架。

故事来到了 2000 年，这场游戏彻底结束了，第一劝业银行与富士银行、日本兴业银行合并组成了日本瑞穗金融集团，而在那里，没有适合我的职位。我老板以极具日本特色的口吻告诉我："坦率地说，你可以在任何你喜欢的地方工作。"我指了指我们的交易室，他低头小声道："除了这儿，哪儿都行。"工作没了，我决定享受一段闲暇时光，毕竟 10 年的银行生涯打下了足够的经济基础。但是，这完全不是我所期望的生活。

在提前退休的日子里，每天早晨我都会读《纽约时报》，然后为 9 岁的女儿和 14 岁的儿子准备早餐，送他们上学，最后绕着中央公园水库慢跑。这一套流程下来，才刚刚上午九点。我发现一天的时间实在是太长了。每天都一样，不存在所谓的周末与工作日之分。当然，我不用再为工作的突发状况而烦恼，但我一点儿也不喜欢这样的生活。

我的不满并非源于理性选择理论所说的低收入。过去的银行从业经历使我有了充足的积蓄，况且每周几个小时我还会自己操作投资交易（具体见后文）。我穿着拖鞋在公寓里走来走去，轻轻松松就可以为一家人挣到足够的钱。

我的不安让我困惑不已。直到有一天，我带着女儿去了布朗克斯动物园。我们看着饲养员给老虎喂用冰块包裹的鱼作为午餐。老虎必须先把冰块剥掉，才能享用美食，而它们似乎很享受这么做。忽然，我明白了：我就像那只老虎一样，区别在于任何时候只要我想，饲养员就会提供足够多的鱼，而且还没有冰块包裹，不用自己动手剥冰块。我知道我的处境很幸运，很多人会羡慕，但我渴望挑战。最后，我如愿找到了两个。

首先，我与纽约和伦敦的合伙人创办了一只对冲基金。基金筹集资金投资于欧洲结构化信贷债务证券，这些证券将个人贷款或公司贷款的风险打包。我可以尝试着从财富最大化的角度来解释我启动的这项新事业，但实际上，创业动用了我的积蓄，存款冒着打水漂的风险。冒险扣人心弦，让我走出消沉。

在创办这只对冲基金之前，我曾有过两次创业企业的投资经历，两次结局都失败惨重。每一次，我们总以为转机就在眼前，但事实却是一再陷入泥潭，卷走的资金远远超出任何人所想。尽管过去是未来最好的预测，但我希望这一次情况会有所不同。

一开始，我们的基金进行得就不太顺利。最先的 1100 万美元倒是筹集迅速，但对冲基金要能实现合规运行，这样的资金量明显不够。我们约见了大约 100 名潜在投资者，听到的都是同样的信息："投资 5000 万美元比投资 1100 万美元更安全，那意味着更加多元化，融资渠道也会改善。等你们资金规模变大了再来说。"我们需要早点达到资金临界标准。如果没人投资，其他人也不会投资；如果有很多人投资，就会有更多人加入。就此，我们陷入了一个劣势均衡。基金在美国证监会注册，法律要求在前 90 天内筹集到 2500 万美元。我们迟迟没能做到，面临着不得不注销注册的尴尬处境，最初的那些投资者也开始嚷嚷着要把他们的钱拿回来。

但忽然，我们的好运气来了。证监会出乎意料地给了我们一个月的时间宽限，之后，一位新投资者直接投了 4000 万美元。其他投资者也纷纷跟进，不到 5 年，我们就有了 20 亿美元。

在经历了失业的痛苦，以及启动基金后的活力重焕，我又进入了同样的困境。我再也不能接受传统的经济理论，即人们在工作和闲暇之间进行权衡，并看重享乐。然而，我还没有准备好完全背离正统。在某种程度上，不管是在芝加哥从事债券交易的经历，还是在第一劝业银行的工作经历，抑或是对冲基金的创办经历，实际上都增强了我对理性选择理论的信心。差不多每一天，我都是根据最优化行为和市场均衡的假设指导业务，并得出了不少有价值的见解。经济理论常常就是我的秘密武器。

第二个挑战是，我在哥伦比亚大学国际与公共事务学院讲授微观经济学，一开始是兼职，后来则变成了全职。2002 年，也就是我开始教书的一年后，我有幸见到了埃德蒙德·菲尔普斯（Edmund Phelps）教授。菲尔普斯教授在哥伦比亚大学资本主义与社会研究中心主持课题项目，打算重构现代经济学。该中心希望找到一种理论来描述"真实的人类，他们不仅贪婪、厌恶风险，而且充满好奇、爱冒险，有时会大胆跳进未知领域"。这是一种新理论。我特别喜欢"不仅"这个词，因为它拥有一种两种特质都必须兼顾的属性。

对我来说，意识到与有目的性的选择并存的第二个行为领域是一个转折点。为什么要用一个庞大系统来解释一切？人们不仅在满足欲望，而且还会克服困难。不管是成功，还是厌倦，从而放弃，总会出现新的挑战。行动可能比实际情况更加具有目的性，故而自然很难弄明白其潜在行为逻辑。我们往往先采取行动，然后为该行动制造一个原因，要么是寻求快乐，要么是避免痛苦。[5]

三、这种难以捉摸的利益

当然，我并没有发现这一自为行为领域。费奥多尔·陀思妥耶夫斯基（Fyodor Dostoevsky）描述了一些无法纳入偏好列表（用经济术语来说，即效用函数变量）的行为。他问道："为什么所有统计学者、智者和人类爱好者在计算人类利益时，常常会忽略一种利益呢？……其实也没有什么大不了的，把这项利益拿过来，加到列表里面去就是了。但是要命的是，这种难以捉摸的利益却不属于任何一类，也不适合任何列表。"[6]

这种"难以捉摸的利益"代表着意志的行使，所有系统和模型都无法将其纳入。陀思妥耶夫斯接着说道："一个人，不论何时何地，也不论他是谁，总是喜欢随心所欲地行事，而根本不喜欢受理性和利益的支配；他愿意做的事可能违背个人利益，甚至有时还违背了……这就是那个被忽略了的最有利的利益，也就是那个无法归入任何一类的利益，一切体系和理论经常因它而灰飞烟灭。"[7]

陀思妥耶夫斯基的"最有利的利益"无法与理性选择框架的所有其他愿望一起列入偏好列表。在理性选择模型中，个体受偏好控制。如果按意志行事是这些偏好之一，那么由此产生的行动将是可预测、下意识的，因此也就不再是"意志"。因此，出于意志而非偏好的行为必然属于另一个领域：我称之为"自为"领域。

自为行为代表它自己，而不会管它是否比其他选择更好，"没有别的原因"。自为行为可以是一个连续的过程：一款证明自我的游戏，或是一场克服挑战的斗争，即使这个挑战从任何客观角度来看都不重要。我们依据信念自信地行事，这对我们很重要（无论这些信念是否准确），因为这就是我们。我们的信念构成了我们的身份，所以不出售。大力水手在给自己的赞歌里大声唱到："我就是我。"坚定信念的反面也是自为的，即兴之所至，跳出固有性格。

最重要的是，自为领域强调能动性，即个体对世界的作用。它将时间视为过程而非单一时刻，这才是所有目的性选择所能适应的时间。目的性模型（或调整模型加以解释）无法解释我们如何跨期消费，是选择退休还是继续工作。它也无法解释为什么我们会犯拖延症、忽视个人理财、创业不计后果，还有长期坚守项目而不考虑退出机制。相比之下，自为模型更灵活，可以解释随时间推移而不断应对挑战的行为变化。例如，无人能预料到的自发利他行为，以及超出任何理性计算的"想太多"英雄主义（上文中救丈夫的妻子）。

理性选择（或许还有行为经济学）已经阐明了目的性选择的领域，接下来，我们可以仿照前者开发一套分析自为行为的系统方法，虽然理论构建的严谨程度不及前者。目的是了解现实现象，这些现象对个人和企业都很重要，并影响公共政策。我所采用的方法包括区分两种行为模式（目的性行为与自为行为），然后尽可能准确地解释清楚自为行为。我的例子大多来自商业世界和资本市场，毕竟这是我的专长，但类似的分析可能在政治、教育和历史等领域也会颇有成效。

虽说以上想法基于个人的经验，但我相信我的观点几乎是具有普遍适用性的。大多数人试图将个人行为归为理性，着重一个领域而排斥另一个领域，那么留下的拼图将不完整。我们调动聪明才智、竭尽全力地将自为行为纳入一个本不属于它的领域，最终结果还是不尽如人意。有些人在生活中，会忽视目的性行为，转而自发行动。这些幸福的少数人不会被我"生活中除了理性选择，还有更多东西"的说法打动，他们可能面临的是相反的困境：如何将行为的理性一面与其感性一面相协调。他们或许也会希望探索自为（他们的行为基础）和目的性之间的界限。

一方面，我不想对我的研究要求太高。我的方法并不会产生一个完全统一的人类行为理论，这样的理论不存在。我也不想否认目的性方法的优越性。虽然早年对理性选择经济学的兴奋感已经消退，但我依然相信它的力量。另一方面，我同样认为目的性选择模型有其严重的局限性。只有跳出选择目的性（不管是否存在行为偏见），我们才能改进有关实际问题的诸多现有理论。要想了解人类行为（特别是金融市场行为）的重要特征，最好不要通过新古典经济学、数学，抑或是行为偏见视角，而是要重新评估行为的基本动机，以及动机与行为的关系。一些行为源于自为冲动，而非有目的性地为了满足个人欲望。认识到人类行为的双重性质，我们才能更真实地理解自身，这种理解与我们的经历更契合，正如尼采观察到的："赫拉克利特认为，蜂蜜既苦又甜；世界本身就是一杯混合饮料，必须不断搅拌。"[8]

人类行为的二分法

深入研究细节之前，让我们仔细看看目的性行为和自为行为这两大分类，定义清楚术语，并对自为行为领域的关键信息进行介绍。

我定义的人类行为模式，如图 2-1 所示。

一、目的性行为

虽然本书将重点放在图 2-1 的底部（自为行为），但我们首先还是要对图 2-1 的顶部（目的性行为）进行简要浏览。在此

之前，让我们再理清一些术语。"目的性"作为总称，是为了
与"自为"形成对比，或者考虑行为偏差的可能性。"理性选
择"用来指代经济学家传统的新古典主义模型，或者强调所考
虑的选择不存在行为偏差。"认知偏差"和"行为偏差"为同义
词。"偏好"是指目的性选择中的意愿——我们清楚自己是否更
愿意满足其中一种而不是另一种，并且可以对不同意愿进行排
序。"想要""需要"和"愿望"这三个词强调的是目的性。但
是，在某种高度抽象意义上，自为行为也涉及愿望（及其同义
词）：不想这么做的人就不会这么做。关键区别在于，目的性选
择涉及的是可以相互比较和取舍的愿望。

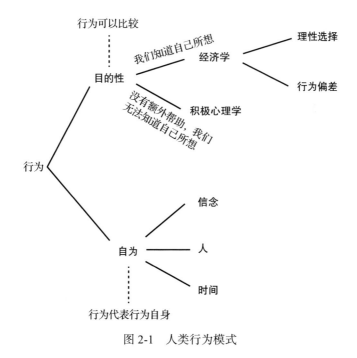

图 2-1　人类行为模式

如果我们清楚心中所想，并且可以衡量其分量，那么就可以说进入了目的性行为的领域。目的性选择假设人们大多知道自己想要什么，如果谈论愿望但又不打算就此采取行动，那么这个人只不过犯糊涂了。有个老笑话是这么说的，两位经济学家走在街上，一个人说："我想买一辆那样的车。"另一人答："不，你不会买的。"这就是整个笑话。第一位经济学家对那辆车的渴望还不足以让他做出必要的牺牲，否则他早就买了。他通过行为，显露出真实喜好。

行为经济学假设人们了解个人偏好，但心理缺陷会影响决策。目前，学界至少已确定了 150 种行为偏差，其中大部分是通过实验发现的，得出的行为偏差包含从"模糊效应"（回避风险不确定的选项）到"零风险偏差"（不遗余力将小风险降至零而忽略更大的风险）。一旦人们意识到了偏差，想必就会尝试纠正，从而做出明智的选择，改善境况。在此之前，目的性行为领域还需要建立更为精确的行为模型。

只要我们确实是在尽全力满足意愿，并且能预料到行为后果，那么理性选择和行为经济学就可以有效做出解释。当然，这并不意味着我们可以绝对肯定地预测未来，但至少对世界运行规则足够了解，可以去评价可能的结果及其发生概率。在现实生活中，我们往往只是模糊地意识到可能会发生什么。不是一目了然的决策模型（当采取行动 x，y 将以 p 的概率发生），而是可能迷失在一片乌云密布的大海中。不是说我们必须完全抛弃目的性选择机制，而是说经济学家在面对现实情况时，确实有必要保持谦虚。在目的性选择框架下，人们尽其所能地利用手头信息，并且如果最优过程需要，还会尽可能收集更多信息。

目的性行为也不要求我们完全了解自己。我们可能实现心中所愿，但此后仍然感到失望。为此，我们不仅可以从经验中学习感悟，近几十年来还可以从积极心理学中汲取养分。这项被称为研究幸福的科学是图 2-1 中目的性行为的第二个分支，有助于我们了解本性和偏好，从而做出更令人满意的决定。

假设至少有一些人知道自己是否幸福，那么探究幸福源泉的工作应该是一项经验任务：询问人们（足够数量）有多幸福，了解他们的生活，分析相关数据。幸福人士收入高吗？相对周围其他人来说，收入高吗？收入还会上升吗？还是幸福与其他因素有关？如果人与人相似，我们就可以通过对他人的系统研究来了解自己。在这里，自我实现变成了一个集体行为：在人类同质的假设下，积极心理学家进行调查或大脑研究，而后提出建议，我们应该多花时间和朋友在一起，缩短上下班通勤时间，并在达到上层中产阶级后少担心金钱问题。照此方式，幸福研究可以有效生成一系列自助技巧。只要我们可以客观衡量幸福的程度，幸福研究就可以用来指导公共政策，政府也就可以努力提升人们的幸福感。

无论我们是否能准确把握个人意愿，目的性行为的步骤都是一样的：首先尽我们所能确定这些意愿的内容，然后有意识或无意识地给它们排序，再根据手头资源决定实现方式。

二、自为行为

现在让我们转向图 2-1 的底部：自为行为。

我提出的第一个关键词是信念，探索我们如何产生信念，以及信念如何塑造我们的行为。不管有没有证据，很多时候，我们都在坚持着自己的信念。这样固执得不讲道理吗？我不这么认为。我们坚持信念，正是因为信念在某种程度上代表了我们的身份。坚持不懈属于自为的范畴，偶尔跳出角色也是如此。这既不是理性，也不是非理性。人类就是这样的生物。

坚守信念可以解释为什么公司和市场会僵化，以及为什么有时投资无利可图。例如，一位企业家可能对她的项目充满信心，谁知道呢？她可能是对的。但所接触的风险投资人根本没有她这样的热情。这位风险投资人可能也在积极发掘有前途的初创公司，而且她思维清晰、思想开明、勇敢诚实，还聪明。然而，她最终还是没有给这个项目投资。无论企业家怎么说，都无法弥合两方的信念鸿沟。

面对一次难得的机遇，企业家深受鼓舞，积极行动。至少对企业家而言，这个机会本质上具有独特的吸引力，过往那些都无法与其相提并论。它代表了它自己。这个模糊的领域就是赚钱的地方，因此在金融行业，究竟是什么抑制了信念传播，是一个被忽视的重要议题。

信念的自为维度也解释了为什么人们会费尽心思来形成个

人观点。为什么不简单点，直接采纳专家意见呢？专家可能不
称职，但至少她经历了筛选审查，而且很可能比你知道得更多。
尽管如此，我们还是会拒绝接受专家的意见。违背专家的意志
就是一种意志的自为行为。当专家的观点与我们的核心信念相
冲突时，自我反应就是质疑专家。持异议的人士，要么尽可能
长时间地坚持已有信念，要么尽可能少地调整信念。

　　自为的第二个关键词是人，即分析社会关系。毫无疑问，
社会交往很多都属于目的性选择的范畴。我们向他人施以恩惠，
可能是为了将来能得到他人的帮助，从而取得成功。又或者，
我们可能非常关心其他人，以至于他们的幸福也进入个人偏好
之中，成为效用最大化中要考虑的一个变量。几乎每个周日清
晨，我都要在妻子醒来之前，去街角的面包店给她买一块蓝莓
司康饼。对此，她很珍惜。我在乎我妻子，不介意买司康饼让
我额外"跑个腿"，这事可以最优化我的福利。如果天气寒冷或
下雨，或者我特别忙，买司康饼的成本就会大于收益，我会理
性地选择放弃。

　　然而，有些情况会将我们引入不可预测的领域，即一时冲
动地做好事。例如，我们经常看到地铁上的乘客为陌生人扶着
车门。这不仅违反了城市交通管理局的规则，而且可以说是反
社会行为。简单计算一下，就知道行为不合理：扶着车门为一
个陌生人节省了等待下一趟列车的 5 分钟时间，却让其他 300 名
乘客每人延误了 10 秒，等待时间总共增加了 45 分钟。如果目
标是造福人类，应该做的显然是让门自然关上。

在等待的 10 秒内，我总是这么想。多年来，我一直认为这种行为不理性。也许人们扶住门只是想要最大化社会福利，但这里明显存在一个认知偏差，即过于重视即将错过火车的陌生人这一"凸显信息"。又或者，数字计算把他弄糊涂了，无法进行正确判断。但也许是出于我自己的困惑——我试图将一种自为行为融入目的性行为模型中。我偏好让门关上是基于计算，而让门开着则是基于超越计算的仁慈。

但即便对以上行为进行细致剖析，我仍然选择关门。我遵守促进共同利益的道德原则，除非我与即将错过列车的人有私人联系。如果成本和收益大致相等，相比于抽象计算，我更看重个人人际关系，但要用 45 分钟的社会成本换一个人的 5 分钟收益，还是太不公平了。不过，我也无法反驳他们的扶门主张：他们以完全自发的姿态对新出现的需求做出即刻反应。

自为行为模式的最后一个关键词——时间。时间可以拓展我们行为的广度。通常，人类活动是一个不断进行选择的自为过程，最好从"流程"的角度来加以理解。

为了解释人类行为，我们试图推断出行为的开始、结束，以及行为与行为之间的因果关系。抽象概念容易将每一刻都定格在意识思维，但这难道就可以准确描述生活吗？克尔凯郭尔（Kierkegaard）观察到，我们不能一直让自己"就在此时此刻"。相反，他让我们"想象一名必须要改变船只方向的船长，船长可能会说：'我可以这么做也可以不这么做。'如果他脑子清楚，他也会意识到在此期间，这艘船正在以正常速度向前行驶。"[1]

简单地说，时间永远不会停止，所以我们可以评估不同选择，在这之中挑一个最好的，时间不断重启，体验各种结果。目的性选择要求我们忽略变化，在不变的框架下解释行动。对此，自为视角将为我们提供另一种关于时间和行动方式的图景。

从自为的角度来看，我们选择的是要努力克服的障碍，而不是最大化福利（当前及未来）。这场克服障碍的追逐有了自己的生命，它解释了为什么会有成为职业篮球运动员或摇滚明星的冲动，越来越多的证据都证实了，即使成功机会接近零，人们仍然坚持不懈。同样地，一名学生可能在决定退出某领域后又完成该领域的学位，她想完成她未竟的事情。（理性选择经济学家可能会辩称，完成学位可以作为一个信号表明她的毅力，从而增加她的收入。但这种信号的好处不太可能超过她一年的生活成本加上学费。）只有当我们承认一项活动的重要性超出其表面目的时，这些项目才有意义。我们全力以赴去奋斗，并在必要时迎难而上。

我们去奋斗的不一定是伟大事业，也可以是相对次要，甚至是毫无意义的事情。例如，即使细微之处容易一笔带过，厨师还是严格依照高难度食谱制作餐食；即使课程申请人数超额，终身教授仍在努力改进教学质量。我的一些学生在考试前通宵熬夜，希望把成绩从 A- 提高到 A。即使他们找到了想要的工作，拿到了毕业的基准 GPA（Grade Point Average，平均成绩点数），他们仍然没有失去争取高分的学习激情。他们就像运动员，学习就是他们的运动。学生们疲于学习，应对考试的挑战和庆祝高分的喜悦都是整个过程不可或缺的部分。

在成功克服重大挑战之后，人们往往会寻求另一个新的、同样有意义的考验。例如，当你足够有钱且唯一技能就是赚钱时，你该怎么办？也许你会转向炫耀性消费，开始积累不久前才嘲笑过的所谓身份象征。这种新的人生追求或许显得有点空洞，毕竟你之所以这么做是因为你不知道还能做什么。然后，你将不得不尝试一些更自然的事情：也许是慈善事业，也许是想办法超越那些更成功的竞争对手。

三、真实性的意义

早上，我通常要喝咖啡。咖啡品质的差异可以表现在各种不同的方面，我的满足感也因此有所不同。我可以为不同咖啡的细微差异定价，但追求特定咖啡毫无意义。我只关心咖啡有多热、味道如何、价格怎样等。不同咖啡互为替代品。

在目的性行为中，目标可衡量，即可以按照某种交易比率在两个目标之间做取舍。但在自为行为中，情况并非如此。仅仅出于某些无法完全说清楚的原因，我可能就会去接受某个挑战，或者坚守某个古怪信念。我有很多学生，他们也有很多误解，但我会在周日花一个半小时给某个学生回邮件，就是为了澄清课堂笔记的某个小问题，这可不是什么最优化行为。我不会假装自己竭尽全力照顾所有学生。有这时间，我可以组织一个小组复习课，更有效地帮助更多学生。为什么要操心这个问题呢？

虽然我不能给出一个准确答案，但重要的是，我这么做的结果自然而然呈现出来：这个在读学生真的在努力学习本周材料。我感觉他是真的想学，而不是为了推荐信或好成绩而讨好我。在这封邮件之前，我从来没有想过："我希望有学生给我发邮件寻求帮助。"但当有学生给我发邮件了，有机会了，我真的会愿者上钩。

一项自为性质的挑战可能相对来说微不足道，也可能客观上很重要。无论挑战性有多大，它都必须是一种有机的真实体验。例如，政府出钱雇人先挖坑，再填坑[⊖]，这种项目不仅纳税人不会欢迎，工人也不会欢迎，因为他们知道这事单纯就是为了让人忙起来而别无用处。

自为行为领域处理的是特殊事件，因此了解背景至关重要。这与目的性选择领域截然相反，后者根据选择的不同属性，以及这些属性对个人愿望的满足程度来评价各种选择。事实上，经济学家加里·贝克尔（Gary Becker）将稳定偏好列为新古典经济学的三大公理（其他两个公理是优化行为和均衡市场）之一。[2]如果我们的偏好随机波动，那么理性选择理论将失去预测能力。当然，我们可能更喜欢在夏天喝冷饮，在冬天喝热饮。我们也可能更喜欢多样性，在橙子和苹果之间，选择橙子 5 次后，橙子的边际效用递减，就会转向苹果。从广义层面来看，这些选择同样反映了一致、稳定的偏好。

⊖　该例出自凯恩斯的挖坑理论，原理论是指在经济不景气的时候，让政府出钱请工人开工，由此而带动其他相关产业链的发展。——译者注

考虑到真实生活的重要性，要解决以上问题，行为经济学家理查德·塞勒 (Richard Thaler) 提出了一个生活上的悖论。塞勒指出，一个人拒绝以 8 美元的价格雇人修剪他的草坪，同时又拒绝以 20 美元的价格给邻居修剪同样大小的草坪，两者存在前后不一致性。塞勒将这种悖论归因于认知偏差。[3] 理性选择经济学家可能会找到各种各样的原因来解释：受雇修剪草坪可能在邻里之间自降身份，谈判工作条款时存在交易成本，或者还有额外的所得税。如果他雇用工人来修剪草坪，那么相应的协调与监督工作会带来额外成本。但这些解释并没有说服力：即使可以变相维护个人身份，取消所得税，质量监督也很简单，人们也还是只会修剪自家草坪，而不会为了报酬给邻居修剪。

这个悖论会发生在严格的目的性选择框架中，代理人根据报酬和乐趣等因素评估工作，但忽略了真实性。自为理论的解释很简单：有些人就是喜欢享受在院子里干"苦力"。草每天都在生长，房主倾向自己控制草的高度。在这种情况下，有偿受雇于他人不会自然发生，而且也没有足够的钱可以将修剪草坪变成一个可以接受的挑战。行为经济学家可能会对修剪自家草坪（而不是为邻居修剪草坪）的人说，你这是被认知偏差蒙蔽了，你再怎么修剪草坪也不可能开园艺店。房主不认为这种行为有问题，我们也不应该这么想。

彩票赢家的诅咒形象说明了真正的挑战可以带给我们的意义，以及没有挑战导致的失落。想象一下，你 35 岁，是纽约一家大银行的副总裁，年薪 20 万美元，大约是纽约市家庭收入平均值的 4 倍，但税后，你只够支付基本生活费用和两居室（与全职配偶及两个孩子共同居住）的租金。总而言之，生活很充实。平常，工作上有些烦心事，这些烦心事耗费了你大量的精力。下班回家，虽然很累，但当你把面包放在桌子上的那一刻，你很满足。你计划着一步一步上升，期待有一天你们全家可以买得起奢侈品，过得更舒适。

幸运降临，来得超出预期。突然之间，一位失散多年的亲戚去世了，给你留下了一笔财产，如价值 1000 万美元的免税资产。现在怎么办呢？银行工作对你的物质生活微不足道，你会觉得毫无意义，又没有足够的钱（或倾向）全身心地投入慈善事业。

再抱怨困境，你也得不到同情。你很有钱！理性选择理论提供不了任何支撑：你的选择和以前一样多，而财富又给你添加了新的选择。然而，根据自为理论，也许你的好运终究不是那么好，运气让你难以真正面对挑战。你回不去原来的生活（不完全是），努力出人头地所要面对的困难都不见了。到目前为止，原来的挑战没有了，而新的挑战还没有出现。内心深处，你甚至会后悔得到这笔意外之财，但遗憾的是，你无能为力。

要是有谁突然给你一张中奖彩票，我想，几乎每个人都会接受它。起码我会。但意外之财可能会让你痛苦，就像上文提到的银行家一样，现实生活中许多彩票中奖者也是如此。这样的结果不符合目的性选择，因为它属于自为领域。

在目的性行为中，有限资源约束下，我们会尽可能满足偏好。要是放松约束（一般是资金方面更充裕），我们表现得会更好。但在自为领域并非如此。本书后续将介绍其他思想实验，两者的区别也将由此更加明显。力量强大的介入者会通过发放免费礼物、控制未来或其他有利交易，将人们从生活的泥潭里拖拽出来，如携带中奖彩票的人。但这些交易往往适得其反，反映出背景环境的重要性和目的性选择的局限性。

真实性在目的性选择模型中可能不重要，但它却是我们日常生活的内在特征。例如，汽车爆胎，我们不得不在晚上步行8公里到加油站，但这种冒险体验所带来的满足感可能比直接消费得到的更有意义，但我们不会选择这样的体验，是体验选择了我们。如果我们是故意扎爆胎的，那么这种结局就有点玩世不恭了。但是，我们还是没有理由把这场冒险定性为自为行为的：一旦汽车抛锚，理性选择就应该开始发挥作用。

四、两类行为兼存

假设你打算租一套公寓。你会考虑不同公寓的住宿特点、心中对住宿优缺点的估价，以及它们与价格能否匹配。其他条件不变，收入增加，你将租一个更大更好的房子。面对能说会道的房产中介，抑或是针对个人行为偏差的营销花招，你也许会被引诱，选择一个较贵的房子。但选择无论好坏，都是有目的性的：你想在位置便利、空间宽敞、美感韵味、租赁期限、建筑质量等十几个方面得到满足，同时也明白房子便宜你就能省钱。

　　如果试图采用理性选择（或考虑行为偏差的目的性选择）以外的其他视角来分析租房选择，我们将错过许多细节。没有理性人会纯靠冲动选择公寓，一头扎进混乱的未知境地。要是那样做，麻烦就大了。基于所掌握的信息，无论有无意识，我们都会权衡各种选择的后果，然后选择看起来最好的那一个。理性选择将不同选择转化为对应价格，因此我们可以比较金额。

　　这种机制不只是排名和简单分类进行比较。假设我正在考虑三套公寓，分别是下城（D）、中城（M）、上城（U），并假设我妻子全权委托给我。其中，中城是最方便的通勤地点，我可以步行去办公室，要是每周一两天要去哥伦比亚大学，我也只用坐几站地铁去上城，用时相对较短。上城区是通勤的第二选择，我可以步行到哥伦比亚大学，去市中心办公室则需要搭地铁。要是下城，我去办公室必须要坐一段时间的地铁，去哥伦比亚大学还要坐更长一段时间的地铁。就通勤因素进行一一比较，我可以得出偏好排序：M > U > D。

　　在三套公寓中，按面积排序依次是上城、下城、中城：U > D > M。

　　我妻子艾恩西（Ianthe）的偏好则依次是下城、中城、上城：D > M > U。

正如稍后在第三部分中所讨论的，考虑利他主义，我的效用函数需要纳入我妻子的感受，因此她的偏好对我来说很重要。在选择公寓时还有许多其他因素需要评估，但为了简化决策，当前仅考虑以上三个因素。我可能会把这种内心冲突想象成我脑海里的三个小矮人，每个人都主张一种偏好。1 号小矮人关心通勤，2 号小矮人关心公寓大小，3 号小矮人关心取悦妻子。假设他们一人一票，每次在两套公寓之间进行选择。M 和 U 之间，1 号和 3 号会选择 M，M 票数胜出；U 和 D 之间，1 号和 2 号会选择 U，U 票数胜出；D 和 M 之间，2 号和 3 号又会选择 D，D 票数胜出。因此最后的投票结果是：M > U > D > M。

小矮人们会陷入僵局，我和妻子则无处可住。[4] 我留在原地打转，直到我开枪击毙其中一个小矮人，换个方法做决策。我可以锚定单一因素来简化决策，即专注于最重要的因素。对我来说，那就是通勤，也就是选择通勤最短的中城公寓。这一简单方法丢掉了大量的宝贵信息，但要更进一步，却并没有提供一个标准的行动方案。更聪明的做法是量化每一个变量，如此一来，我就可以衡量一些因素，如"从中城通勤比从下城通勤好多少？"，以及"与取悦妻子相比，我有多么在乎通勤？"。

由于这些不同因素可以以货币的形式标价并进行比较，目的性选择就可以处理这类决策。我希望决策不要那么复杂，但必须认真想清楚。

并非所有决定都有如此明确的目的。大家考虑一下下面的思想实验：我观看了一部电视纪录片后，决定向一个专门为难民服务的慈善机构捐款。在去邮局寄 100 美元支票的路上，一阵风吹走了碰巧塞在我衬衫口袋里的 100 美元钞票。就在那一刻，我收到了一位朋友的电子邮件，他也看了那部电视纪录片，并激动地向同一慈善机构捐赠了 100 美元。

如果我仅仅出于关心难民福利，现在就应该撕掉这张正要邮寄的支票。我希望在这个世界上，我少 100 美元，慈善机构就多 100 美元。而今，这个世界成为现实，我丢了 100 美元钞票，而朋友又慷慨解囊。如果我仍然寄出这张 100 美元支票，那么要么我真的偏向捐赠 200 美元，要么捐赠行为就不仅仅是钱的事情。寄支票是一种一次性的特殊行为。我不是要捐赠到某个"最佳水平"，使捐赠给难民的最后一美元的边际收益等于这一美元用在其他最佳方面的边际收益。我也不会调查所有其他慈善机构，以确保这家是最好的。这种给予行为代表着行为本身。

五、两类行为相融合

在同一活动中，目的性行为和自为行为两者往往相互结合。也许，工作最能体现这种特征，既具有目的性，又是高风险的自为游戏。一旦我们认识到，金钱在一定程度上是工作的副产品，而不是其唯一的驱动力，那么对于劳动力市场中许多没有被目的性选择充分解释的地方，这下就可以解释清楚了。正如阿尔弗雷德·马歇尔（Alfred Marshall）在《经济学原理》

（*Principles of Economics*）中所写的，"就像一匹赛马或一名运动员竭尽全力胜过竞争对手，并乐在其中一样。因此，一家制造商或一名商人受到的刺激往往更多的是来自战胜竞争对手的希望，而不是增加财富的欲望。经济学家必须仔细研究此类动机的作用，在某些情况下，对以上问题思考得太多，以至于明显改变了推理论证的一般性质"。

胜利的兴奋、"压力下的乐趣"以及团队运动中与同事的互动都是工作产生的无形事物，许多人无法通过其他方式来获得这些东西。这些无形的东西有助于解释为什么有些人工作很长时间，很晚才退休，甚至希望工作到生命的最后一天。这些无形的东西解释了，为什么一个清洁工还要雇清洁工打扫自己的房子，为什么一个鞋匠的孩子没有鞋子。这两个人都忙于工作，以至于忽略了家庭责任。这种努力工作的表现，与劳动与休闲之间的理性选择权衡不一致，但与克服障碍的自为理论相一致。

如果中上阶层的人士每周少花一小时工作，多花一小时优化投资、整理税务记录以及减少支付给银行或其他信用卡发行商的利息和费用，那么他们最终会得到更多的钱。例如，一个房东若是关注个人财务情况，可能会意识到赎回投资于抵押贷款支持证券的基金份额，并使用基金收益偿还个人抵押贷款，将减少好几层费用。但她不需要别人告知这些：如果她关心的只是最大化稳态消费，她早就这么做了。

目的性和自为的结合，也解释了经济学家赫伯特·西蒙

（Herbert Simon）所说的"满意即可"。在这里，"满意"描述的是未达到最优的决策。一个满意型决策者会评估行动方案，直到她得出一个"足够好"的方案。在西蒙的理论中，因为计算太过困难，满意型决策者不会尝试最优化。[5]

作为一个理性人，她智力正常，可能希望达成一个合理的好结果，即既满足此前愿望，又留下选择余地。在这种情况下，她有几个可以接受的选项，并从中随机选择一个。不管是她自己，还是旁观者，都会对这个选择大吃一惊。虽然选择可能看起来并不合理也非最优化，但意在维护个人行事意愿的能力。因此，我们能够过好每一天，自由地选择（某种程度上），同时也可以满足偏好。对于不完全优化，有两种解释，即认知失败和自为意志行为，我们可以根据经验对这两种解释加以区分：不同于满意型决策，自为选择既适用于复杂决策，也适用于简单决策（所耗费精力较少）。

六、背叛目的性选择

我们很容易理解目的性选择，也很容易围绕它进行思考和解释。我们如此沉迷于这种思维方式，以至于会提出"你为什么这么做"这样的问题，意思就是"为什么这是最佳选择"。当行为的本质模糊不清时，我们会默认一种可以维持个人理性形象的解释。

个人形象很重要。在《查拉图斯特拉如是说》（*Thus Spoke*

Zarathustra）中，尼采描述了一个嗜血成性的杀人犯，他抢劫了受害者，但又会羞愧难当，非要自己追溯动机。[6] 一旦找到了某个动机后，他可以将自己看作理性的行动者，而非不可理解的怪物。尽管我们可能与这样的罪犯没有什么共同之处，但至少某些时候，每个人都会对自己的行为编造理由。我们以个人理性为荣。若是有人要我们解释自身行为，我们可能不好意思回答"只是因为如此，没有别的原因"。我们是天生的说书人，无论是面向某些旁观者，还是仅仅为了个人利益，都会在事后编造动机来解释没有明确目的的行为。我们习惯于按照因果关系的逻辑来思考，反射性地假设选择是由某个原因驱动的，并相信自己的理由。

在一些罕见而诡异的情况下，我们发现早在事情可能发生之前，自己就将其拼接进了记忆中。虽然我们只是偶尔会有似曾相识的感觉，但在采取行动并体验了由此产生的快乐或痛苦之后，便不自觉地为动机找借口。

我们内心存在一股冲动来为行为确定理性动机，因此很难接受某些行为只是在玩。如果有人享受工作，或想为未来储蓄，那么短期内收入超过消费能力就是理性的。为此，行为科学家做了一项实验，设定工作为不愉快的且受试者无法储蓄，即在没有上述提到的两种情况下，研究会发生什么。前 5 分钟内，受试者可以选择听令人讨厌的噪声或听音乐。依据听噪声的时间，他们可以赚取成比例的小块巧克力棒。然后，他们有 5 分钟的时间来消耗这些所得，时间一过，剩下的所有巧克力都将被没收。尽管事先已警告过他们这一条规则，但受试者赚到的巧克力还是明显比吃掉的要多得多。此外，对工资较高（即每单位噪声能得到更多巧克力）的受试者来说，其工作时间与工资较低的受试者差不多。[7]

研究人员认为，这些结果表明了一种"过度挣钱"的病态倾向，类似于暴饮暴食。哈佛大学商学院的一位教授在接受《纽约时报》（*New York Times*）采访时表示："此次研究的意义是'巨大的'。"[8]但真的是这样吗？又不是患有某种新诊断出来的精神疾病，也许受试者只是将实验当成了一场游戏。不管工资高低，受试者都自以为在经历一项新挑战，想看看自己表现如何。这么一看，过度挣钱也就和玩电子游戏差不多，后者不也是要用手指敲击控制器，无偿紧盯屏幕么。

尽管我们可能并不想承认这一点，但游戏在生活中无处不在，对于成年人也是如此。例如，司机有时会四处寻找更便宜的汽油，即使搜寻过程耗费的汽油成本超过可能节省的费用。他们可能会辩解说："我不想被骗，我想惩罚贪婪的加油站老板。"但除非他们把资源用来惩罚奸商，否则这似乎并不是他们真正关心的问题。难道消费者就不能简单地将加油站老板当成游戏中的对手吗？我们为什么要质疑消费者牺牲消费效率来赢得胜利的判断？有人四处寻找更便宜的汽油，有人自己修理汽车，有人自己编织毛衣，或许我们会忍不住建议他们采用更有效的解决方案，但这样做并没有顾及他们的感受。这些人要是想认真考虑这些明显的低效率问题，他们早就这样做了。

　　当我们是在帮助他人，而非与对手作战时，也是一样的游戏逻辑。有些人偶尔会给乞丐钱，但没有人会说这是减少贫困的最有效方式。我们无法以任何合乎逻辑的方式，将以上这种反复无常的行为表述为对固定偏好的有目的的优化。我们可能会告诉自己，做慈善将在今生（如果我们相信西方的因果报应）或来世（如果我们相信"上帝"会积极评判人类事务）带来福报。然而，考虑到其他类型的慈善会更有效，这些理由只不过是在努力捍卫我们的理性形象。无论我们对自己说什么，这种自发的善行就是为了行为本身。

第二部分

信　念

Willful
HOW WE CHOOSE WHAT
WE DO

——

即使遭遇最激烈的反对声，面对诸多矛盾，人们仍然认为坚持个人信念是必要的。……由于自我的存在，即使自我通过与世界的互动而发生改变，且改变着自身对世界的看法，自我的保护系统也没有因此"精神错乱"，也没有被世界主义"纠正"。相反，在不断开拓全球视野的过程中，自我可能变得更加帝国主义，在每一个不同的视野中探索自我中心的新边缘。

——芭芭拉·赫恩斯坦·史密斯
（Barbara Herrnstein Smith），《价值的偶然性》

性格决定行为

有这样三个病人：一个使用自然疗法自行治疗，一个严格遵照医嘱，还有一个完全拒绝治疗而整日祈祷。他们三个都相信自己在做正确的事情。

选择相信自然疗法，原因可能在于根深蒂固地坚持反主流文化，迷信身体的自愈能力，或不信任医疗机构。这种信念还可能受某种个人经历影响而强化。那会儿，自然疗法似乎起作用了。选择相信现代医学，则往往伴随着一系列相反的信念：科学证据是最高标准，医学系统有证据支持并向患者提供治疗，因此可以信赖。第三个人坚信命运掌握在"上帝"手中，有好转可能是因为先前的祈祷得到了回应。她相信"上帝"在以神秘的方式进行工作，因此拒绝科学方法。

这个世界上，如果每个人仅凭借信念进行最优化，那么就会存在各式各样的观点，它们的差异程度令人叹为观止，多样性超乎我们的预期。我们选择对我们有吸引力的信念，而不是先做假设，再根据经验证据检验假设是否准确。每个人都将信念建立在已有信念之上，并且偏爱经验性知识，而不是间接获取的、同样有效的知识。我们想方设法地驳斥不同的观点。正如沃尔特·惠特曼（Walt Whitman）所言，"逻辑和说教永远无法令人信服。"[1]

在开始讨论之前，让我们先把术语解释清楚。我们将信念定义为指导行动的命题，它在逻辑、语法或常识方面不一定正确，人们可以合理地提出异议。在这里，"$5 \times 7 = 35$""单身汉不结婚""地球比月球大"都不是信念。那些原则上可以被证实或证伪，但存在异议空间的观点可以算作信念。在治疗疾病方面，信念的例子包括"草药治疗效果最好""只能信赖经 FDA 批准的药物"和"祈祷最有效"。在某种程度上，信念有数据做支撑，但对大多数人来说，这不是唯一的标准——至少这是我坚定的信念和本章论述的前提。

一、自为行为遵从性格

根据理性选择模型，个体行为取决于其偏好和资源，包括财富资本和人力资本。若两个理性的人具有相同的偏好和资源，那么他们最优化的选择会一样。从目的性选择的角度来看，我们可以将人们规避风险的程度差异简单解释为品位问题，那就意味着要进一步探究影响偏好的相关因素。若人们的思维深度存在差异，即一个人比另一个人的思路更清晰，则通过纳入行为偏差来扩展模型，就可以得到不同的行动方案。

在现实世界里，人们不仅偏好各异，能力有差距，而且信念还不一样。信念有其内在生命力，不只是我们追求进步的工具。信念象征着每一个人的身份。[2] 我们关注信念，希望彼此的信念一致，还希望信念与经验一致。我们希望以可理解、可铭记的方式来捍卫信念，并基于反思和经验逐渐调整信念。我们试图按照信念行事，有时甚至牺牲了偏好最大化的目标。

如果坚守信念并按其行事符合我们的目的，那么就不用对该愿望进行评估和权衡了。我们若是改变信念，也就改变了自己，个人偏好也随之变化。因此，必须将坚守信念看作自为行为。

想知道为什么吗？来让我们看看这样一个例子。有一位在得克萨斯生活了一辈子的女性，她认为那里是地球上最好的地方。然而，如果她可以去纽约，从事一份为期两年的高薪工作，她也会很心动，毕竟可以赚到足够的钱回到老家买一个农场。于是，她把牛仔靴换成雪地靴，不耐烦地等红灯变绿，乱穿马路，在地铁上看到老鼠也不再排斥而是觉得有趣，很快，她将变身为一名"纽约客"。她开始欣赏纽约的魅力，不再相信过去那些在得克萨斯所定义的"美好"。为了考虑是否接受这份工作，她不得不想象放弃得克萨斯身份后会是什么样子。如果她要永远留在纽约，她不得不考虑这样一个事实，即她挣的钱不够花。而如果她可以保证自己将带着"战利品"，完整如初地回到得克萨斯，那么此举完全合理。但事情并非如此。她要做一个决定，而目的性选择本身并不能给她答案。

面对改变生活的选择时，如从得克萨斯搬到纽约，理性选择理论就暴露出其局限性，而我们做其他决策也不例外。假设她还在考虑如何理财。她不喜欢华尔街，反感不用踏实干活就可以赚钱这件事。她信赖得克萨斯的经济，它建立在石油、航空、农业这些真实产业之上。她从小就听说她家人在1929年失去了一切，所以从不投资股票。在我看来，她的投资可能会表现不佳，但谁知道呢？

出乎所有人意料，有一天，她兴奋地投资了一只科技股。就像小说中引人入胜的一些角色一样，她跳出了既定的信念框架，迈出了少见的一步。但这一步不能迈得过大或者太频繁，否则故事情节将不够连贯和流畅。我们做出违背信念的行为，实际上是在表达："此时此刻，这样的一次性意志行为比我的信念更具有说服力。"

二、信念是如何形成的

美国哲学家查尔斯·桑德斯·皮尔士（Charles Sanders Peirce）概述了接纳新信念的四种途径：

1. 一种新的信念 X 与已知事物一致。

2. 一位公认权威表示 X 确有其事。

3. X 是人们倾向于相信的事物。用皮尔士的话来说，X "合情合理"。

4. 依据科学方法，X 符合数据信息。[3]

粗略地说，新信念若是经前三条路线形成，我们尚能维持个人身份的自洽连贯。按照既定信念行事，即使是与经验证据相悖的信念，也并非不理性，而是拥有"自为性"。在《重复》（Repetition）中，克尔凯郭尔（Kierkegaard）问道："如果没有重复，生活会怎样？谁会想时时刻刻都写下新东西？"[4] 我们坚持做自己，而不是不停地从头再来，也不是不断根据新数据重塑自我。

综合来看，只有第四条路线，才符合理性选择。当然，若有人只想满足欲望，并且相信权威人士能够客观传达有效信息，那么她会在一定程度上采纳权威观点。同样地，有了更多数据，她会冷静思考新的信念是否会与现有信念相冲突。如果多数证据支持改变，她会很快接受新的信念。

在皮尔士的大纲概述中，我们关心的是我们的信念在逻辑和风格方面是否一致。现有信念构成了我们的性格，即使这些信念无法抵挡住新数据的冲击，我们也只会缓慢放弃它们。这种按性格行事的愿望，难道不应该被纳入理性选择模型中吗？具体来说，经济学家难道不能引入"信念调整成本"，或为跳出信念的行为定价吗？接下来，让我们考虑一下这种改变意味着什么。

当数据与信念相冲突时，我们会经历皮尔士所说的"怀疑的刺痛"。为了消除疑虑，我们要么尽可能少地修改信念，要么把数据搪塞过去。当考虑是否要转变已有信念时，我们必须采取两个步骤：一是设想将该信念与其他信念融合，二是决定是否转变。第一步不仅可能激怒我们，而且无论信念是否改变，都可能以不可预测的方式改变我们。

当然，一些行为可能以不可预测的方式改变我们的信念，这是另一个问题。这位得克萨斯人担心她可能会成为纽约人，某种程度上是因为信念会影响偏好。那么，我们做选择的时候是代表谁的利益呢？是熟悉的旧自我？还是部分改变的新自我？我们不愿意改变信念去迎合他人，即使新的信念可以说部分源自该人，我们也只是与他有部分关联。因此，我们可以完全不去评估对立的信念，选择视而不见。如果怀疑犹存，我们可以努力使已有信念变得合理，即"合理化"信念。

理性选择理论无法将这类思维过程模型化，除非模型人为设定出一个小人，他坐在人身上，控制着人的信念和欲望，从而可以打造出一个新的人，使这个人的欲望得到满足。但是，我们又会遇到另一个难题：弄清楚这个"人造人"到底想要达到什么目的。

三、性格决定行为带来的影响

现在，让我们好好考虑一下以上理论的一些实际影响，即人们按性格行事，而非像机器人一样仅仅依靠计算。人们通常会依照所持有的信念行事，恪守信念本身就是一种自为行为。即使你深知自己的方式没有效率，你还是会以这种方式去满足愿望，而自为行为就与此相关。例如，你一面想着可以穿着时髦，给人留下好印象，但一面又披了件破大衣。每个朋友都和你说不能这样，你却回答："我就爱这样，这就是我。"或者，自为行为可以是纯粹的表达。即使你的选票不会影响选举，但你还是选择排着队给有着相同信念的候选人投票。在这里的关键是，按照自己的信念，或者说按照自己的性格行事并不是为了换取其他类型的满足感。

按性格行事，并不一定意味着忽视激励机制。如果有人愿意给你足够的钱去换一件好大衣，你心中也会标出价格来。但只要没有外部力量来"贿赂"你去改变，你就会对某些信念抱持坚定立场。也就是说，即使大衣价格下降，你也不会遵循经济学逻辑，在边际上做决策，买件和价格下降程度匹配、时髦一点点的大衣。

这两类行为（目的性行为与自为行为）竞相解释了诸多现象，我们很难区分行为类型。关于人类如何形成信念，又是如何据此付诸行动，两类行为都提供了各自的说明。

1. 无视专家意见

为什么人们要费心去构建自己的观点？即使是在完全不擅

长的领域，我也会有些稀奇古怪的念头。我知道别人都不知道
的事情吗？可能不知道。我承认这很奇怪，但我可以自信地说，
没有什么能动摇这些念头。

（1）来自目的性选择行为的解释

理性人如果怀疑专家在兜售什么东西，对其评价就会大打
折扣。或者说，大家都能看到的建议，其价值可能会被竞争殆
尽。例如，当美食评论家推荐某家餐厅时，那么这家餐厅可能
会变得人满为患，直到排队等位的额外成本等于美食评论的信
息价值。或者，如果一位员工曾因听信了后来被证明有错误的
专家建议，而被老板责备"懒得独立思考"，那她今后可能出于
不想被再次责备而理性地忽略专家意见。

各种认知偏差可能会一步步加剧人们性格中的固执程度。
根据行为经济学，我们高估了自己的能力，还四处寻找证据来
证实我们的先入之见，并且通常过于自信。

（2）来自自为行为的解释

我们有一种自动过滤掉那些不同意见的天赋。不然，为什
么要因为专家忽视我们的想法，就开始激烈争论？我们质疑专
家的动机，或者如果他们的动机经得起考验，就质疑他们的能
力。我们下意识地认为自己的观点才是客观的，而相反观点则是
可疑的。我们出于自愿挑战专家。不然，要是每次专家一说出指
导建议，我们就采纳，从而不断更新我们的信念，那么我们自
身的个性意识就会因此不断变化，不牢固，也没有前后连续性。

2. 执迷错误信念

可以说，人们改变主意不是件寻常的事，而快速改变主意更是不寻常。据说，凯恩斯曾打趣道："只要证据变了，我就会改变想法。先生，你会怎么做？"[5]但这只是恐吓对手转而支持他自己的花言巧语。和大多数人一样，凯恩斯在一生中所持观点都相当一致且自成一体。

关于错误信念的持续存在，社会科学家对此研究了一个典型问题，即一些人坚持认为儿童接种腮腺炎、麻疹和风疹（MMR）的疫苗会导致自闭症，而当初下断言的研究很久以前就名誉扫地了。即使新数据摆在眼前，倔强的父母还是拒绝改变想法。在一项大型随机试验中，医生尝试了四种干预措施。一是解释了没有证据表明MMR疫苗与自闭症有关，二是解释了麻疹、腮腺炎和风疹的危险，三是讲述了婴儿因患麻疹而危及生命的故事，四是展示了一些患病儿童（原本可以接种疫苗预防疾病）的照片。与对照组相比，没有一个受试者变得更愿意给他们的孩子接种疫苗，而患病儿童的照片强化了父母原先的想法，即MMR疫苗会导致自闭症。[6]

（1）来自目的性选择行为的解释

为追求自身利益最优，父母可能强调疫苗的副作用，以此作为不接种疫苗的借口。接种疫苗一方面为了保护孩子免受疾病侵害，另一方面更多地为了防止孩子传染他人。接种疫苗本质上是一种利他行为。一个自私的人只关心自己孩子的幸福，可能更愿意让其他孩子都接种疫苗，而不是给自己带来不便，或者也可以把以上干预措施的失败归咎于认知偏差。受试者可能深受"敌意归因偏差"（一种普遍的偏执症状）之害，从而得出结论，认为干预措施全是制药公司的伎俩。

（2）来自自为行为的解释

有些人坚持认为制药公司的行动不计后果，可能会欢迎某项声称自闭症和疫苗相关的研究，而罔顾其研究缺陷。即使这项研究被证实不可信之后，这些人依旧会维护它，并将相反的证据斥为商业阴谋而不予理会。谣言可能四起，即黑暗势力压制了那些证实统计相关性的研究。对他们来说，儿童接种疫苗后出现自闭症迹象的故事会很有说服力。他们只是不喜欢疫苗这样的东西。

3. 倾向经验知识

在日常对话中，经验是检验解释是否合理的黄金标准。"我曾经就在那里。我曾经亲自看见。"要打破这种经验知识带来的权威，需要足够多的理论和足够量的数据。政客们总是美化他们卑微的出身，仿佛经历了贫困就能更了解如何帮助穷人。士兵们坚定认为退伍老兵才能管理军队，就算是军事历史学家也不行，了解再多知识也没用。

（1）来自目的性选择行为的解释

即使知识只是作为达成目的的一种手段，选择支持经验知识也依旧有几个理由。首先，经验知识通常更可靠。若接收的是二手消息，那么无论这种歪曲是否有意为之，真实性或完整性都可能在传递过程中有所降低。其次，我们更容易记住经验知识。从心理学上讲，经验产生的生动记忆比我们读到的信息更容易记住。最后，真正做出尝试是探索未知领域的最有效途径。正如马克·吐温（Mark Twain）所说，"抓住牛尾巴一次，就比一次没抓住可以多学到六七十倍的知识。"[7]

假设你听说有一艘准备起航的货船尚有备用容量。你可能会考虑以低价租用船上的空间，然后装载货物，到目的地出售。你不太了解航运，所以去阅读了相关书籍，并与专家讨论了你的计划。但你不会因此就下定决心去做。要行动，你就需要更深入的经验知识，即那些真实的东西，再明确的指示也不能完全传递所有的细节信息。你会想在港口周围逛逛，看看船到底是什么样子。你会想结识那些做过类似交易的人。只有切切实实的经验，才能产生经济学家弗里德里希·哈耶克（Friedrich Hayek）所说的来自"在场人士"的本土信息，而不是可以在人与人之间自由传播的科学知识。[8]

（2）来自自为行为的解释

经验知识是自为行为的核心。从经验中学习到了什么，决定了我们的身份。

4. 极端意外事件下的反应

金融危机前夕，雷曼兄弟倒闭。在那之后，似乎一切皆有可能。人们自然会问："如果全球闻名的雷曼兄弟都可以几乎在一夜之间倒下，那为什么其他极端事件就不能发生？"2009 年夏天，我与我的一位基金投资者讨论托管安排，他为一个公共养老金项目管理着大量资金。该基金的资产将托管在纽约梅隆银行，当时该银行的托管资产约为 25 万亿美元，相当于全球股市总市值的一半。

我们花了半小时认真讨论纽约梅隆银行携客户资金潜逃的可能性，就像雷曼兄弟伦敦分支机构所做的那样，破产法官称这种行为未能遵守投资者保护原则，"极其严重"。[9] 我认为雷曼式的银行垮台可能导致文明社会的崩溃，在这种情况下，没有什么是安全的。

这番话在今天看起来有些危言耸听，但在当时确有其道理。"黑天鹅"事件（形容出乎人们意料的事情）发生后，以上反应是极端谨慎的。对那些患有"黑天鹅病"的人来说，黑天鹅和白天鹅的概率一样，即使概率最小也完全有可能。这种心态可以是基于目的性选择，也可以是基于自为。

（1）来自目的性选择行为的解释

黑天鹅的出现动摇了我们对信念的信心，因而变得谨慎行事。一般情况下，我们按照大卫·休谟（David Hume）的归纳法行事，相信太阳每天都会升起，因为它总是如此。但某些情况下，日常可能会改变，就像伯特兰·罗素（Bertrand Russell）的鸡一样，主人过去一直对它们很好，它们也理所当然地不害怕主人。[10] 一天早上，主人来了，几只鸡消失了，而他是否会很快扭断鸡脖子，还很难说。然而，一只理性的鸡应该意识到有什么事情正在发生，并且谨慎地悄悄退到鸡舍后面。

思维不清晰下选择不作为甚至可能具有生物学基础。长期以来，进化生物学家一直推测抑郁症可能会催促人们退出失败的项目，从而赋予生存优势。正如达尔文所说，"任何形式的痛苦或苦难，如果长期持续下去，就会导致抑郁并削弱行动的力量，但也因此为我们建立了适应保护机制。"[11] 如果你的生活一团糟，尝试的每件事都出了问题，那么你需要的可能是停下脚步来重新评估当前的策略，而非一步步地解决问题。

（2）来自自为行为的解释

后黑天鹅时代，与环境相适应的新信念当然可能会让人受益，但人们会觉得有责任慢慢调整想法。有时，极端的经历会瞬间改变我们，或好或坏。但这太罕见了，并且主要是在神话和文学的范围。例如，麦克白在三个女巫语言的煽动下，成为一个疯狂的野心家。再如，去往大马士革路上的"大数的扫罗"，这可以说是最著名的皈依故事了。他一路前行，准备将出逃在外的基督徒一网打尽，但途中突见异象，在一道强光下，他失明了。三天后，复明的扫罗彻底改变了信仰。还有悉达多⊖，悉达多离开父亲的王宫后，先后遇到了一个老人、一个病人、一个死人和一个流浪的出家人。他亲自看见了苦难，于是

　⊖　悉达多即释迦牟尼，佛教创始人，其本名为乔达摩·悉达多。德国作家赫尔曼·黑塞尔也著有《悉达多》。——译者注

离开了家人，过着苦行僧的生活，最终悟道成佛。

无论出于何种原因——有目的的还是自为的，面对突如其来的剧变时，解决不作为问题的方法就是时间。对理性人来说，根基最终将会重新开始牢固。大多数患有"黑天鹅病"的人会逐渐重建信念以适应新环境，而尽管存在不确定性，少数人还是会采取行动。

四、股票选择和身份认同

有时候，我会问我的学生："你们投资股市，有多少人自己选择股票？"学生们纷纷举手。接下来，我又问："你们中有多少人投资多元化投资组合，比如标准普尔 500 指数？"没有人举手。最后，我问道："你们中有多少人知道非多元化投资组合与经济理论相冲突？"他们全都举手大笑。

我的学生们并不是唯一无视经济准则的人群，他们本可以通过持有多元化的资产组合来实现回报最大化和风险最小化。人们的投资多样化程度往往远低于资本资产定价模型所建议的水平，而且即使考虑交易成本，也不合理地过度配置了本国资产。对投资组合理论来说，这样的投资倾向实在是一个难堪。但我们不需要诉诸认知偏差来解释这种倾向，解释的关键在于选择的重要性上，而无论该选择是否确实使利润最大化。

假设因为对某些公司的欣赏、朋友的建议，或是其他向好趋势，人们进行了四五项投资。他们与朋友谈论这些投资，即使只拥有少量股份，也感觉与这些公司产生了联系。他们更容易认同本国命运，因此也更倾向于选择本国股票。（散户投资者不太可能对本国具有信息优势。如果真那么容易，对冲基金就会在每个国家派驻分析师。）即使是选择共同基金进行多元化投资的投资者，也至少希望可以选择投资哪个基金和投资在哪个时点。早在投资组合理论的奠基人哈里·马科维茨（Harry Markowitz）和威廉·F. 夏普（William F. Sharpe）出生之前，克尔凯郭尔就蔑视"那些在生活中行事与金融家一样精明的人，金融家将资源投入广泛多元化的投资中去，以便当一项投资亏损时，在另一项投资上获得收益——简而言之，他不是忠诚的骑士"。[12] 虽然对最小化风险来说，用一项投资的收益来抵消另一项投资的损失是一个合理策略，但我们有时希望坚持信仰、大胆一试。

　　重视个人投资的人往往会避开冒犯他们的公司。几乎没有证据表明，出售不当劳动行为的公司的股票，会剥夺该公司的资本或影响其行为。相反，出售是个人决定，只是用似是而非的经济逻辑加以合理化。我沉浸在经济理论里，无法自欺欺人：出售任何一只股票只不过是象征性的。不过，我不会投资烟草公司——我不想通过卖烟来赚钱，也不会牺牲太多回报。与此同时，我也承认其他投资者会购买我没有购买的股票，而全球吸烟总量也不会减少。

　　正如个人通过投资来表达自己一样，群体也可以通过撤资来表达自己。挪威的政府养老基金决定出售其拥有的多家化石燃料生产相关的公司的股份。若这个撤资行为暂时让公司股价跌至基本价值以下，那么不受股价下跌影响的投资者将买进。即使激进主义人士可以永久压低石油巨头的股价，也不会对这些公司的筹资能力产生什么影响。这是小题大做，几乎没有什么实质性影响，或根本没有影响。尽管如此，民主选举产生的议会还是批准了撤资。这个撤资就表达了挪威人民的意愿。

归根结底，投资不仅仅是一种最大化财富的手段，我们还借这次难以预测的冒险，表达了我们是谁，以及我们的价值观。

金融市场淘金：解析冒险行为

　　我不相信占星术。占星术不符合我先前的信念，而且我认识的任何权威都不会教我去相信。至于在是否匹配事实方面，占星术也没有给我留下深刻印象：占星术的拥趸们只能提供奇闻轶事。但我敢肯定，我无法动摇占星家，占星预测未来的成功案例一次次地打动他们，而失败案例却自动被拂去。对于这样的人，占星术全部满足皮尔斯的四项标准。对于我，则一项都不满足。占星家和我必须求同存异。

　　我确实相信，交易员有时可以指望在竞争激烈的金融市场上赚钱，但赚钱方式可能难以成文，照着套用。那些敏锐认知思考下的讨论，总是令我着迷，就像接下来所要阐述的那样。

我在很长时间里都是一名交易员，与其他交易员打交道。我相信，任何令人信服的理论都必须解释清楚，如果市场如此有效，这些看似理性的人为何还要花费如此多的时间试图击败市场。某些人、某些机构的赚钱理念与我的某些理念相吻合。我的想法很坚定，并且符合数据，但我就像占星家一样，从轶事中获取证据。人们有时赚钱，有时亏钱，但我认为有一些赢家理性且负责任地意识到他们可能会成功。

我不能把我的信念交给严格的统计检验。如果击败市场有一个可检验的规则，那么每个人都会知晓，规则也就失效了。相反地，规则很多，而且很多相互矛盾，游戏的关键是要知道哪些规则可以遵循。击败市场并不容易。交易机会隐藏不明，我相信自己一眼就能看出机会，但有时也会犯错。机会偶尔出现，并且几乎总是伴随着未知。投资者必须愿意做出不寻常的行为，进行大胆尝试。

目的性选择模型将人看作机器，处理着机器能够理解的信息。这样的模型足以解决许多问题，但不能解释金融市场中的诸多有趣现象。尽管全力以赴追求利润是一种目的性行为，但目的性选择不能模拟不合常理的交易和投资。延长工作时间、加倍努力工作、实习、学术训练或者鼓足勇气去冒险，这些事情虽然都没有害处，但都不可能"创造自己的运气"。因为以上类型的投资涉及一次性的特殊事件，因而每次进入未知领域都只能部分利用已验证的规则。在未知领域，必然会将你从谈论信号、风险和回报的确定地带带入需要直觉、判断，以及会感到焦虑的模糊地带。因此，必须将不合常理的交易和投资理解为自为行为。

一、有效市场假说

人们常说，赚钱的关键是知道别人不知道的事情。从这条箴言中可以推出一个结论，即有效市场假说的教科书定义：如果所有公开可用的信息都反映在价格当中，那么市场就是有效的。也就是说，没有人能打败市场，除非他们知道的比公众更多。检验市场效率的标准方法就遵循了以上定义。该假说假定信息以一种形式存在、客观，并且每个人都可以获得。该假说考虑了不确定性，同时假设风险可以被模型化。

自20世纪60年代以来，有效市场假说的一些批评者发现，精明的交易者可以利用数据中的潜在异常进行交易，而支持者则用以下三种说法作为反击：①批评者研究了数百种可能的异常情况，却只揪着一个不放——即使市场完全不可预测，某些模式也会偶然出现；②批评者的分析存在缺陷，例如交易成本会侵蚀利润，或者证券在特定公开价格下无法交易；③资产收益与其他金融资产或人力成本呈正相关，故任何高于市场的回报都可以归因于风险。反过来，批评者指出，正是因为所谓的认知偏差（例如损失厌恶），赚钱机会才会持续存在。支持者随后回应说，有些人可能某些时候存在偏见，但即使套利者仅占一小部分，也可以迫使市场回归正常状态。[1]

对于有效市场假说，我既不赞成也不反对。要说反对，也是反对围绕该假说展开的辩论方式：忽略了获取信息的不同方式，错误地定义了市场。标准定义下的有效市场有这样一个假设，即信息不过是一些普通信号，传递了一部分内容。因此，不管是靠努力，还是靠运气或欺骗，知情交易者可以掌握更好的信号。但要赚钱，真正关键的是知道别人不知道的事情。只有对关键信息进行深度解读，才能采取恰当行动，从而获取利润，正如哈耶克所说的"在场人士"掌握第一手材料一样。

要想抓住投资机会，即使是消息最灵通的投资者也必须冒险行动。正如理查德·泽克豪泽（Richard Zeckhauser）所说，不能将特殊事件理解为适用于简单规则的抽象概念，要想跑赢市场，就需要投资于"未知且不可知的事物"。泽克豪泽讲述了经济学家大卫·李嘉图（David Ricardo）的故事，他在滑铁卢战役前购买了英国政府债券，预感惠灵顿公爵和他的普鲁士盟友会打败拿破仑。这种胜利的概率有多大？之前有哪场战斗可以拿来做比较？这是一条只会踏入一次的河流。李嘉图下注，并大赚了一笔。[2]

如果有人追问原因，李嘉图可能会说，英国政府债券为风险提供了很高的潜在回报。从表面上看，李嘉图的观点似乎很明确，类似于"相比随机选择某些股票，多元化投资组合可以在风险更低的情况下，获得更高的预期回报"，或者"高分红的股票平均回报率高于不分红的股票"。但不同的是，后面这两个观点可以用数据进行检验，证明是对还是错。假设法国赢了，或者英国赢了，但债券并没有像李嘉图预期的那样升值。由此造成的损失可能归咎于运气不好。但这种情况下，我们很难区分到底是运气不好，还是判断失误。促使李嘉图购买这些债券的因素非常模糊，从某种程度上看，对李嘉图本人而言，这些因素以前从未出现过，以后也不会再出现。

除了投资于"未知且不可知的事物"，泽克豪泽还提出了击败市场的另外两个必要条件：①机会只提供给那些具有特定互补能力的人，例如能够开发办公楼；②交易的另一方不太可能更了解情况。他还指出，不受"厌恶责备"情绪的影响是一个潜在条件——投资者若不担心老板事后批评，则更有可能跑赢市场。

我相信，泽克豪泽有关互补技能的看法在大多数情况下是正确的（也有例外，后文将进一步讨论）。当然，在"要是一亏损就挨批，交易员也不会取得成功"这一点上，他也是对的。"厌恶责备"这个术语意思很直白，用来描述当代理人应对特定事件时，委托人和代理人之间的不完美沟通。"厌恶"是一种心理感受，即使决策链中的每个人都能控制自己的偏见，这些沟通障碍也存在。

泽克豪泽所说的投资不可知事物，类似于我所说的"行事不同寻常"。这并不意味着行为没有原则或与个性直接冲突，而是其不基于规则，或不成系统。这个行为不属于目的性领域，必须是自为行为。只有人们决定放弃固定程序、因地制宜、为了自己勇于冒险时，才可以获得高于市场的回报。

　　自为投资一直是而且将永远是短缺的，因为人们对其所带来的焦虑只能承受这么多，而且机构也不是这么操作的。面对一次性事件，并且没有成熟规则指导，我们此时只能靠自己。这种不确定性和自由，以及随之而来的孤立感和责任感会引起恐惧。亚当·斯密（Adam Smith）完美诠释了这一点。他提出，"焦虑警觉"是优秀管理者的决定性品质，他经常需要在新的和不确定的条件下运营，做一些既不能转化为规则，又不能委托他人的事情。[3] 任何人只要因价格偏离基本价值而发现买卖机会，都将置身于与主流标准相悖的位置上。教科书告诉我们不可能获得高于市场的回报，因此很难说"这样可以赚钱"。往好里说是大胆，往坏里说是无知。

　　如果你不按常理出牌，向投资委员会提出一笔类似于过去失败过的交易，并说"这次感觉不一样"，那么不太愿意冒险的同事可能会抛出一句老话，即"愚蠢（或疯狂）就是重复做同样的事情，却期望得到不同的结果"，这句话被误认为是出自爱因斯坦。[⊖]别人在某些证券上亏损，凭什么你的情况就不一样？如果你无视警告一意孤行，最后失败了，那么根据刚刚的定义，你要么愚蠢，要么疯狂。市场是有效的，即使只是认为自己能够打败市场，这种想法也是愚蠢的。

　　⊖　人们都爱引用这句话，尤其是政治家。但目前可以确认，爱因斯坦从未说过这句话。《爱因斯坦终极语录》将这句名言一直追溯到丽塔·梅·布朗（Rita Mae Brown）在 1984 年出版的小说《突然死亡》（*Sudden Death*）。在"引言调查者"（Quote Investigator）网站上，关于疯狂和重复的类似话语至少可以追溯至 19 世纪，并且其广泛用于各种场合。——译者注

但要真这么说，又过于简单了。我们可以同时认为市场有效，并且从业者理性，至少一些投资者可以期望回报超过多元化股票组合。为了实现高回报，投资者必须根据直觉，做出不同寻常的行为。自为交易超越了市场效率，从而揭示了市场效率的极限。

二、机构投资

让我们先来看看信贷市场，这一市场属于公共和私人养老基金、主权财富基金、保险公司、大学捐赠基金等其他机构投资者。一个等级森严的群体，是如何依靠前线人员的个人信仰来进行冒险尝试的？在迈出冒险的一步后，又如何能在出现问题迹象时坚持下去呢？

从交易的角度来看，机构投资者与个人投资者存在两个不同之处：一是机构掌握更多资源，能够进入仅限少数人的小圈子和流动性不足的市场；二是机构的治理结构可以防止个人滥用资源。其治理结构自然地将所有交易都视为目的性交易，而非自为交易，从而使机构投资者无法参与一次性事件。

假设你是一家投资银行的销售人员。一个基础设施项目因管理不善，意料之外地花光了全部资金。在该项目申请破产之前，找一名新投资人出资 2.5 亿美元，可以从陷入困境的所有者手中接管该项目。交易只有一周的时间，新投资人将不得不跳过大部分的常规尽职调查。此时，决策需要速度、信任和判断力。作为销售人员，针对这笔交易，你是打算找加州公务员退休基金（California Public Employees' Retirement System，CalPERS），还是科技亿万富豪？充其量，CalPERS 基金经理只会说"是的，这可能是笔大交易，但我们没有时间走审批流程"，或者"是的，这可能是笔大交易，但我们没有资金"。而这位科技富翁，一嗅到利润，就会猛扑上来。

机构投资者或多或少按照一个通用公式来管理资金。董事会先批准一项政策，然后由首席投资官（CIO）执行。该政策通常将资金按"存放地点""部门"或"资产类别"划分。部门可以划分为国内股权、全球股权、信贷、非流动性信贷、私募股权、现金、绝对收益基金（对冲基金）等。

CIO 指派专家来负责每个部门。股权经理管理股权，信贷经理管理信贷。股权部门的一些 CIO 将选股工作外包给外部人士，一些 CIO 则被动投资于指数基金以压低成本。通常，风险管理部门会监控整个投资组合。就养老基金而言，董事会关注资产如何与负债相匹配。

基金主要根据总体市场敞口来定义风险。"阿尔法"这个词是用来描述和股票市场无关的额外预期回报的。当受托人愿意承担更多风险时，他们会将资金更多地投入股票等波动性较大的投资中。一些人可能决定将现金转投对冲基金，同时保留其股市敞口，或者他们可能会要求 CIO 故意"增持"对某个行业或子行业的投资，例如成长股。所有这一切，都建立在风险可以建模和加总的理念之上。很少有大机构会因脱离常规决策而承担风险。

自为理论提出了另一种方法：在可知性的连续统上对投资主张进行排列，让最资深、最值得信赖的人（即董事会认为最具有敏锐判断力的人）去处理最不明朗的机会，并施加最低限度的监督。他们有权发挥个人优势，应对每一个不同寻常的机会，公司治理结构也明白并不是所有决策都需要标准指标和专门术语来进行度量，而是会对其进行长期评估。

当然，为了享受自为投资的好处，机构必须容忍偶然出现的、事后看起来很愚蠢的损失。真正做决定的人会感到痛苦。没有理论或者数据可以告诉我们，这时应该基金经理向 CIO 道歉，还是 CIO 向基金受托人道歉。在自为投资中，个人必须对损失负责。

三、个人投资

金融危机让散户投资者望而却步。之前，我办公室所在的大楼有名保安经常向我请教炒股技巧。他是一个失意的短线交易者。操作挣钱的时候，他感觉自己身处世界之巅，就像发现了成功的神奇公式。一旦连胜终结，他就会怪自己错过了某个信号。好的时候，我祝贺他；坏的时候，我同情他。但他想要得更多，他以为我瞒着他。终于，一天深夜，我让步了，和他说："好吧，我给你说秘诀。"

天啊，我就这样吸引了他的注意。

然后我解释说："秘诀就是没有秘诀。你没有办法和布拉德（我们公司的基金交易员）去竞争。""他有技术、有信息、有25年的经验，交易成本还低。如果有机会，他会比你先利用。而且布拉德也只有52%的胜率。没有什么模式，你认为你发现的任何模式都是错觉。这不是针对你个人的。在你的位置上，无论多么聪明或努力工作，都没有机会打破布拉德的纪录。"

那个保安几年前离开了我所在的大楼。据我所知，他做了一些幸运的交易，退休后生活在一个热带岛屿上，每天都嘲笑我。但我对此表示怀疑。他喜欢阅读投资方面的书籍。我希望，无论他身在何处，都能读我这本书。我希望他看到，我已经重新思考了我之前的回答。个人投资者可能会在一个领域取得成功，即自为投资。

自为投资的本质为个人投资者提供了一个明显优于机构的优势。虽然个人在用自己的钱进行交易时，缺乏机构的资源，比如无法从零开始为新药开发提供资金，也无法购买其他人都在试图出售的复杂衍生品，但他可以随心所欲。自为投资不能归结为一套规则，也无法通过机械时应用程序来实现。它需要跳出固有想法。独立的个体更容易迈出这一步。

我指的不是短期交易，短期交易的交易成本高昂，个人几乎不可能与专业人士竞争。我也不是在谈论基于市场模式或趋势的交易，因为它们根本不存在，甚至"牛市"的概念也是没有根据的。某个月上涨的股票有可能下个月还在上涨（趋势继续），但同样也有可能下跌（趋势逆转或"修正"）。"股市正在上涨"这句话用错了动词时态，应该说成"股市曾经上涨"。股票价格不是实物，价格没有动力。如果市场正在上涨，套利者会利用这一事实，并将其立即推向目标价。

成功的投资不仅仅是在遵循规则。任何一套能轻松获利的规则，都会立即被套利所抵消。考虑一下"逆向思考"或"别人左，你就右"的建议，这些建议太过传统，根本无法执行。如果每个人都决定逆向投资，那么每个人都一样，也就没有人是逆向投资的。必须独立思考，而非逆向。

尽管个人在短期交易中无法击败对冲基金，但相比任何机构，个人都可以更加独立。个人可以随心所欲地行事，而不必向同行、经理、监管机构、媒体或投资者解释自己的行为。他喜欢拿着自己的钱，也不用被他人指责。对冲基金经理暂时控制他人的资金，自然无法仅按个人想法行事。基金经理可能会被迫放弃某项开头表现不佳的投资，但个人却可以无限期持有。

据说，1889 年，凡·高的画作《向日葵》以 125 美元的价格售出。1987 年，同一幅画以约 3600 万美元的价格售出。金融入门课程都会讲到这个故事，用来说明复利的奇迹。但计算下来，这笔投资的年回报率为 13.7%，很可能低于大家的想象。这个故事告诉我们的道理应该是：在长期复利下，一个合理的年回报率最终会变成一笔巨款。但真正的道理是，每年都要实

现 13.7% 的回报率，这本身就是一个非常高的年回报率。我有
一些投资很成功，当时我时刻全神贯注，发现机会并长期（持
续数年）挖掘。但一个人（或由个人组成的机构）能够在数十年
的时间内不受规则的束缚，全神贯注，并不断挖掘出独一无二
的机会，真是令人惊叹。

从某种意义上说，凡·高的画不是一项投资，而是多项投
资。每年，面对价格上涨，画的所有者都得选择不出售。我们
可以想象一下，如果这幅画一直由一个家庭持有，那么继承人
必须决定保留这幅画而不是将其兑现。在每一个特定时刻上，
所有者都不得不迈出自为的一步：看看这幅画，考虑出售，再
看看，最后决定继续持有。只有当我们还原一个个活生生的诱
惑，从中再去总结和抽象出故事时，故事才听起来不可思议。

除了长期持有之外，个人还可以在证据不足或模棱两可的
情况下采取自为行动（毕竟这是他自己的钱），然而基金经理却
很少能做到这一点。某些情况下，个人也具有明显的信息优势，
例如投资房产。在你的社区里，你就是在场人士。你可以投资
购买比自住需要更大的房屋，或购买房产用于出租。

无论你选择何种投资，即使你是专业交易员，也会有亏损
的时候。天下没有免费的午餐。我所能提供的只是一种态度、
一些建议和一个理论框架。但我不排除在竞争最激烈、流动性
最强的市场中，个人也可能系统地赚钱。我自己为自己做交易
的那三年就说明了这一点。

从第一劝业银行离职后，我开始用个人账户进行期货交易。2001 年 5 月，我进行了第一笔交易，做多，当时我押注大豆期货价格会上涨。我不是大宗商品方面的专家，也从未近距离看过大豆种植。但我知道，在 4.28 美元的价格下，农民每蒲式耳[○]将损失 1 美元。此外，市场已经在稳步走低。我猜，那些不知情的交易员认为是在跟随一种"趋势"，从而压低了价格。而当损失超出心理承受范围时，高价买入的投机者可能又不得不选择卖出。用交易员的行话来说，他们被"止损"。但这是我自己的钱，只要有必要，我可以尽量坚持下去。如果价格下跌，我甚至还留着钱准备加仓。结果，我没有机会加仓：大豆价格上涨了，一个月后我卖出合约获利。

第二笔交易在 2001 年 10 月，我对交易市场有着丰富的经验。我做空了五年期国债期货，押注价格会下跌。虽然我早就忘记了当时的交易逻辑，但在利率上升、国债价格下跌后，我 11 月买回了期货。

第三笔交易也是在 2001 年 10 月，我再次买入大豆，几周后卖出获利。第四笔交易是购买棉花，我注意到每蒲式耳棉花的价格已经跌破了 30 美分。这让我想起了 20 世纪 60 年代约翰尼·卡什 (Johnny Cash) 在一首歌中的哀叹，"棉花跌到了0.25 美分一磅[○]，我完蛋了"。自从他唱了这首歌，棉花价格总体上已经翻了两番，按 1960 年的美元计算，当时棉花价格为每磅

　㊀　1 蒲式耳 = 36.268 升 = 27.216 千克。
　㊁　1 磅 = 0.454 千克。

6 美分左右。棉农的处境一定非常困难。我怀疑，与大豆一样，追随趋势的交易员压低了价格。我以 29 美分的价格买入期货，在 11 月以 36.2 美分的价格卖出。

虽然我的交易经历有悖于市场效率的狭义定义，但它确实证明了一个关于人类技能和努力的有效市场：投入以前工作时间的大约 10% 进入市场，挣以前工资的人约 10%。

与机构投资者相比，我有哪些优势？我并没有试图实现任何特定的目标回报。我的仓位很低，以免冒太大风险。我没有想过靠这些投资收益生活。如果没有好的交易，我就什么都不用做。我对交易保密，与银行交易员不同，我不必在意老板或者风险管理部门的看法。但这种对交易的保密，不会让我成为流氓交易员[⊖]，毕竟我不能对自己流氓！我还有一个显著优势：我坐过很多次过山车了，已经有了一定的自我意识。失败的时候不慌张、不绝望，成功的时候也不兴奋、不冲动。这些因素加在一起，我可以自己采取行动。很多人可能认为大豆价格这么低，这种情况一定不可持续，但只有我采取了行动。

在某种程度上，这些交易伴随着亚当·斯密所说的"焦虑警觉"。但要押注风力发电场，才真正体现了在新情况和不确定条件下，我们是如何自为地进行大胆尝试的（有时这种经历是令人痛苦的）。

⊖ 流氓交易员是指西方金融市场中，在未经授权的情况下代表机构进行交易的交易员。这些流氓交易员的行为给金融机构带来巨大损失的同时，他们自己也难逃法律的制裁。——译者注

四、萨内特海上风力发电场：一个巨大的飞跃

在交易员中有一种观点认为，第一笔交易挣钱是个不祥之兆。最初的成功会冲昏你的头脑，让你丢失掉谨慎，并不合适。我知道为什么这么说，因为当我们的基金第一次跌跌撞撞进入风能行业时，就开始赢了。2005 年，我们分析了一家银行向德国风力发电场提供贷款的一笔交易，这与我们的正常业务并没有太大区别。但后来我们决定，与其为贷款提供担保，不如自己拥有风力发电场。以我们的基金和风力发电场资产支持证券为资金来源，我们迈出了大胆尝试的一大步。我们认为，投资者会意识到他们的其他资产与风力发电场回报之间缺乏相关性，而风力发电场回报很大程度上取决于风吹得有多猛烈。

2006 年年底，在建设完成、融资到位后，我们将风力发电场出售给了英国的一家上市公司。到目前为止，这个项目一切顺利。我们已经建造了足够多的风力发电场，在风力足够的情况下，可以为 30 万户家庭供电，并在短期内获得了可观的利润。

然而，风向改变了。

2007 年 8 月，我们购买获得了在泰晤士河口建造萨内特海上风力发电场（Thanet Offshore Wind）这一 300 兆瓦项目的权利。如果建成，它将成为世界上最大的海上风力发电场。我们从来没有建造过这么大的风力发电场，但我和我的搭档约翰·克里斯托弗森（Johan Christofferson）对我们自己说，别人

也没有。因此，毫无疑问，我们的行为不同寻常。（我应该补充一点，约翰和我都不认为自己是寻求刺激的蛮勇之人，但或许你读了下面的故事会对我们有这种印象。我们喜欢在之前那家日本银行工作，在那里，最高的赞美就是称一位同事"可靠"。萨内特海上风力发电场是对我们正常有序生活的巨大突破。）我们知道，除了已经确定的风险之外，一旦项目开始，还会遇到不可预见的风险，我们计算的预期回报还存在很大的误差空间。

当然，决定大胆尝试前，我们是做过分析的。该地点位于泰晤士河流域，位置无可匹敌：距离伦敦市中心 60 英里⊖，是世界上最适合海上风力开发的地点之一。幸运的是（或者我们认为），我们自以为能够以很划算的价格收购这个项目公司。鉴于之前的胜利记录，以及对萨内特的热情，我们成功为第一阶段的建设筹集到资金。还能出什么问题呢？

事实证明，很多。首先，钢铁、铜和石油的价格大幅飙升。风力发电场的地基和塔架由钢制成，而向海岸输出电力的电缆由铜制成。油价飙升刺激了海上钻井产业，建造萨内特所必需的专业安装船需求增加。电价更高，推高了涡轮机需求，我们的丹麦供应商维斯塔斯（Vestas）把价格提高了 30%。这项工程的成本一天比一天高。

延误开始了。我们的一艘驳船翻了。英国肯特郡一个小型机场声称风力发电场会干扰其雷达，还要求我们赔偿他们价格

⊖ 1 英里 = 1609 米。

昂贵的新设备。渔民协会也出来阻碍我们开工，声称也需要补偿，即使工程离海很远，电缆深埋地下，而且塔的占地面积也不大。

我很紧张。2008 年 3 月，贝尔斯登（Bear Sterns）倒闭，金融危机加剧。到了 6 月，我一直陷入担心的情绪里。所以，我们决定趁着情况还好的时候，赶紧出手。2008 年夏初，我们聘请了一家投资银行，将萨内特风力发电场项目重新上市。我们收到了 3 个来自可信买家的非约束性投标，每一个都会带来可观的利润。后续我们选择了出价最高的西班牙电力公司：伊比利德拉可再生能源（Iberdrola RenovablesEnergía）。为了这个项目，伊比利德拉派出了一个大型交易团队，聘请了技术顾问和外部顾问。9 月 4 日，交易团队的高级成员取消了暑期休假，希望赶在 9 月 4 日完成交易。伊比利德拉尽了买家所期望的一切努力，但我依旧没能平静下来。

8 月下旬，伊比利德拉通知我们，表示希望在资金到位前两周完成所有文件交接工作。为了配合他们内部的审批流程，我们将截止日期从 9 月 4 日推迟到 9 月 30 日。新的付款日期给我们带来了严峻的挑战。本来，付款是要付给不同供应商的，如维斯塔斯期望在 9 月 6 日收到 1.25 亿欧元的首付款。伊比利德拉直接联系了几家受影响的供应商，解释说延迟是由于其内部程序，并承诺将于 9 月 30 日完成交易。除维斯塔斯外，所有供应商都同意修改后的条款。维斯塔斯要求为延期多支付 1000 万欧元，否则将开始向陆上项目出售涡轮机槽。

9 月，我们就剩余的合同进行了谈判，伊比利德拉对此表示满意。我们说服了一些承包商继续施工，而其他承包商则大量推迟实施义务。比利时钢铁基础制造商被拖欠了 4650 万欧元，但仍同意继续轧制 5 万吨钢，以便在 12 月开始安装工作。为了让项目多持续些日子，约翰和我投入了我们的大部分存款。我们还能做什么呢?

9 月 15 日，雷曼兄弟破产。那天，出于担忧这笔交易，我的整体恐惧感进一步加剧。9 月 26 日，周五下午，我们获悉伊比利德拉的首席执行官因为市场状况想推迟交易。接下来的周二上午，他来到伦敦进行谈判。我们达成了一项修改后的协议，将我们的资金与伊比利德拉的资金一起留在该项目中。新的交易截止日期定为 10 月 7 日，周二。10 月 3 日（周五）到 10 月 7 日（周二），标准普尔 500 指数下跌了 9.4%，伊比利德拉没有资格再保住这项最终将耗资 10 亿欧元的项目。伊比利德拉就这样彻底离场，这是它的合法权利。当时我很生气，但现在不责怪伊比利德拉。与其他可再生能源公司一样，伊比利德拉的股价急剧下跌。随着大宗商品崩盘，经济衰退迫在眉睫，信用消失，萨内特项目不再是一个战利品。

我们的担保贷款违约了。包括维斯塔斯在内，大约 20 家供应商的付款逾期未付。萨内特的董事们担心他们可能有让公司破产的法律义务。找不到新的资金。全球各地的类似项目都直接停工了，包括其他正在建设中的海上风力发电场。

我们要求供应商在我们无法付款的情况，也要继续工作。

我们恳求债权人不要取消抵押品赎回权。约翰和我不得不冒着一切风险，把我们的房子也拿出来，保证律师会得到报酬。相比之下，我们工作过的日本第一劝业银行就像一部迪士尼电影——无论发生什么，都不会太糟糕，因为东京总公司总是会救助我们。如果这家银行真的遇到什么麻烦，日本政府就会介入。而这一次，陷入绝境的只有我们。

要是所有利益相关者（供应商、债权人、咨询顾问）都能配合，我们还都有机会。但如果其中任何一个债权人试图行使自己的权利，并越过其他债权人，排到队伍前面，那么所有人都将蒙受损失。这是一个20维的"囚徒困境博弈"。

与伊比利德拉的交易失败后，我每天早上都会接到维斯塔斯首席执行官的电话。"理查德"，他会说"，我已经不能用言语来让董事会感到满意了"。"安德斯"，我会回答，"如果我有钱，我会立马给你"。这些交谈总是礼貌的。他在电子邮件中写道："如果上面的语气显得强硬或粗鲁，我很抱歉，这不是我的本意，但这是事实。"我引用他的丹麦同胞克尔凯郭尔的话来提醒他，"麻烦是生活的共同之处"。随着日子一天天过去，这些利益相关者（包括不满的投资者）都会打电话来，交流也变得不那么文明了。

但是，尽管谈话内容很紧张，约翰和我还是继续接听他们的电话，而且在9月底交易破裂时，我们自己还面临破产的风险，投资者也因此稍感安慰。英国能源部（UK Energy Ministry）提供了帮助，他们鼓励供应商继续合作。最终，利益相关者坚

持了下来，甚至比利时的铸造厂也在继续开工。我不知道他们
是如何支付钢材价钱的。也许就像我们怎么支付他们得一样，
即我们希望我们能够信守承诺。

在伊比利德拉退出，项目陷入一团糟之后，事情就变成了
我们自己的个人事务了。我们想把项目维持下去，但这不是我
们可以随便委派他人的任务。除了输得精光之外，没有其他结
果。唯一真正的问题是，输得到底有多惨。我们把供应商和债权
人拖入了一个巨大的烂摊子，每天都在说服他们再多给一些时
间。他们中的一些人给了我们喘息的机会，这本就不同寻常。从
理论上看，我们可能看起来不是一个好赌注。但我们擅长恳求。

最终，一家瑞典国有能源公司在 2008 年 11 月中旬收购了
这个项目。海上风电供应链像暴风雨中的沙漠一样吸干了这家
公司的资金。卖方和债权人都得到了全额偿付。剩下的一小部
分留给投资者，尽管不足以收回我们的投资。

我从这次经历中学到了什么？也许很简单：不要有坏运气。
如果大宗商品价格不在那会儿大幅上涨，我们的处境会更好。
如果雷曼早 6 个月倒闭，也就是倒闭在我们为项目花太多钱之
前，我们就可以推迟建设，直到市场复苏。如果雷曼晚倒闭三
周，我们就能完成对伊比利德拉的出售，大赚一笔。但是，如
果一个投资者来问我这个问题，我就用运气来回答，未免不太
尊重人。

我怀疑，我们是否会再次尝试风险这么高的项目，但这并

不是因为经验教会我们要避免风险。而是说，"这个项目带走了我太多东西"。跳出原有的信念，让它们直面残酷的现实，然后再次安定下来，我能做的只有这么多。即使我谨慎承担风险，投资者也知道他们正在做什么，我最终还是可能伤害那些信任我的人。我懊悔，也因此认识到，要拿别人的钱来冒险，即便他们是多么心甘情愿地投资，我也无法承受这种情绪压力。现在我已经感受到了那种情绪紧张的感觉，我更了解自己了。这个项目的处理过程折磨人，我也处理了其他一些类似事件，但这已经足够了。自萨内特项目以来，我们的基金主要专注于欧洲信贷业务。

萨内特风力发电场于2010年完成建设。尽管成本超支，但有望为新所有者带来8%～10%的年回报率，其中包括可再生能源的补贴收入。电价已经大幅下降，但这与我们在2007年的预测相差无几。

我不太喜欢创业者的励志故事，在这些故事里，他们在一项又一项的事业中失败，又重整旗鼓，从错误中吸取教训，最终一举成名。当然，这对创业者来说是件好事，但在前面几次，对所有的利益相关者（员工、供应商、投资者）又如何呢？他们的幸福结局在哪里？我和我的同事们在得知萨内特风力发电场最终建成后，也感到些许满足，但我们必须接受这样一个事实："我们失去了别人的钱，也失去了自己的钱。"

一次，我从飞机窗口瞥见过萨内特风力发电场，但我从未去过那里。

第五章

集体中的自为决策

现在，让我们重新审视一下第二章所提到的创业者和风险投资人之间的僵局。创业者走进风险投资人的办公室，寻求资金支持以将新产品推向市场。根据该创业者的商业计划，开发产品需要 1 年的时间。第二年，一般情况下预测收入为 200 万美元，而最坏情况下预测收入为 100 万美元。她（原文是她，下同）相信，如果风险投资人投给她钱，她的产品就会这样盈利。她确信她是对的。她的信念基于在目标市场的第一手接触。她的行动证实了这种信念的力量——她已经投入了所有的积蓄，并拿出了创业者一贯的热情。

然而，风险投资人在审查了商业计划书并与这位创业者会面之后，估计新产品至少需要三年时间才能开发出来，而且很可能会失败。风险投资人确信这一点。她是基于与创业者的接触及商业计划书来确信的。(为了避免"羞辱"创业者，风险投资人不会说出自己的真实想法。因为创业者的信念是属于个人的，所以与其说是"分歧"，不如说是"侮辱"。)

风险投资人所知道的内容和创业者所知道的内容不可能都是真的。没有人会发现真相——如果创业者拿到钱并获得成功（或失败），原因也许只是她很幸运（或倒霉）。任何一方说什么都不会改变对方的想法。[1]

正如这位不幸的创业者向大家表明的那样，一个人的信念无论多么坚定，都不能够自动转化为另一个人的信念。她是很努力，但却因缺乏共同经验和信念形成机制僵化而受阻。如果你计划进入未知领域，那么此时，这种信念传播的难度就会特别大。不管是商业往来还是投资交易，最重要的就是去沟通彼此的信念——如果任何有利可图的行动过程都可以分解成易于传递的规则，那么很可能机会都已经被套利掉了。投资者似乎在某种程度上意识到了这一点。他们会说，"这对你来说没有风险，但对我来说有风险。"必须承认，交易的发起人无法将某种认知完全分享给他人。

如果你还要去说服许多人，那么困难也将变得更加复杂，成为自为机构投资的一大障碍。把机构拟人化，好像他们是为了共同信念进行协调，从同一角度分享信息一样，这是错误的。假设有一家对冲基金专门从事结构性信贷业务，并试图从养老基金筹集资金以购买复杂的债券。在此，对冲基金的管理人员、养老基金的分析师、分析师的老板和养老基金投资委员会等各方都将参与其业务链条。最后，养老基金管理人必须考虑受托管理人和监管机构会怎么看待这项投资。

为什么对冲基金管理人想购买复杂的债券？沿着链条往上走，每一方都一步步远离了对冲基金管理人的具体想法。在每一个环节上，各方都必须以自己的方式建立信念，以便负责任地采取行动。若是这笔交易类似于最近发生的某笔亏本交易，即使你一再保证"这次会有所不同"，养老基金投资委员会也不太可能接受这种说辞。

即使所有参与者都完全理性、受到适当激励并且能够控制自己的情绪，在机构层面的沟通上也存在挑战，可能导致市场失灵。在金融危机期间，情况就是如此。当时，面对着其他机构的抛售，如果大型机构投资者选择买入公司债券和按揭贷款支持证券，那么资产价格下跌本可以得到缓冲。但是在机遇面前，他们却选择固守不行动，进一步导致了银行挤兑、房地产市场低迷，随之升级为一场危机，对全球几乎所有金融机构来说都是考验。

一些意志坚定、精通金融的个人管理着富有的家族理财室，理论上应该可以填补机构投资者固守不动所留下的空白。根据我的经验，有些人做到了，但更多人没有做到。一家之主越是富有，就越不愿意深入挖掘那些在场人士需要了解的技术细节，而这些技术细节正是挣钱的关键。家族理财室的规模越大，就越会采取机构投资者的管理方式。

应用皮尔士的规则，我们可以看出为什么机构投资者不愿意购买低价、复杂、流动性差的债券。依照第四条目的性规则（一个人采纳科学方法，是因为其符合当前的数据信息），我们并不能证明这些投资是合理的。以前从未发生过这样的事情，因此没有类似事件的数据可查。许多人将 1929 年大萧条视为先例，但当时的情况如此不同（那时甚至还没有资产支持证券），以至于无法提供太多指导。

我将那些按性格行事所依据的规则归类为自为规则，但这些规则同样起不了作用：

1. 一种新信念 X 与已知事物一致。

高管一开始就认为类似资产支持证券这样的债券是危险的。

2. 某人所信赖的权威告诉他，X 就是这样。

在危机期间，几乎没有哪个权威机构值得信任，而且很少有人建议在结构性金融领域中抄底。

3. X 是人们倾向于相信的那种事物。

大多数人倾向于持相反看法，即复杂的证券产品是"有毒的"。

机构投资者几乎没有理由接受新的信念，更不用说自以为是、不合常理地去投资复杂的资产支持债券。即使对冲基金经理可以对着养老基金分析师频繁"吹风",让他们相信,现在是时候抛开规则了,分析师也不可能将这种信念和信息传递到他们公司的治理结构中。在正常情况下,不管个人有多么见多识广、心地善良、头脑清醒,机构都很难根据自为预感来协调行动。特别是当投资者深深陷入"黑天鹅病"时,这几乎是不可能的。

史上最好的交易

在金融危机期间,我为了不错过我发现的廉价交易机会,曾多次向投资者做演讲推销,用于融资,也因此终于开始明白这种几乎不可能的事情的背后原因。

当时,我刚刚在田纳西州的纳什维尔对一家捐赠基金的经理们做完介绍。但似乎无论我说什么,无论我做什么分析,都无法说服他们。在我的同事看来,"我们就算可以飘在会议桌上问'你们想不想利用这些超能力',我们就算可以指着一把椅子,把它变成金子,他们也仍然不会投资"。

我相信,信贷市场蕴含着丰富价值。(当然,一些外行看起来有利可图的交易并非如此。当时,我相信我知道什么赚钱,什么不赚钱。)然而,我就是不能把我的信念灌输给投资者。渐渐地,我发现投资者的不情愿和通常的那些因素(厌恶风险、信息不对称、厌恶责备、厌恶模糊、从众心理或非理性恐惧)没有多大关系。我一直在给投资者们提示机会,但直到机会消失之前，投资者都无法完全采纳我的观点。不能说我（和其他人）感觉什么可能正确，他们就照着行事。要做到这一点，投资者将不得不放弃有关有效市场的合理观点——通常，资产价格低意味着风险，但在 2008 年，市场崩盘中并非如此。投资者不得不寻求专家意见，以确保没有错过任何东西。从表面上看，我提议的投资机会与一些名誉扫地的行业（如次级抵押贷款）存在相似之处，所以投资者还得略过这一点。然后，投资者又必须说服投资委员会，而后者又必须说服决策链条上游的其他委员会。在那之后，投资者可能要等上几年才能证明我是对的。

我重新回顾了所谓历史上最好的"投机"故事，也由此理解了以上这种不同人信念上的脱节。不是像对冲基金做空美国次级抵押贷款市场那样，而是像约瑟夫和法老那样在谷物价格低时买进，价格高时卖出。

根据《创世记》（*Genesis* 41：1-57），约瑟夫将埃及法老梦见 7 头肥牛和 7 头瘦牛的梦解释为：预示着在 7 个丰年后将紧随 7 个荒年。根据高层内部的消息，约瑟夫花了 7 年时间为法老收集到了大量谷物。当干旱开始，饥荒蔓延之时，约瑟夫卖掉了谷物，或者用谷物以物换物。谷物价格飞涨，法老因此可以获取埃及大量的金钱，大大扩张他的土地范围。

约瑟夫和法老的故事告诉我，在试图理解投资者行为时，我到底错过了什么。投资管理涉的不仅仅是关于购买或出售哪种资产的信息。要想拿别人的钱来冒险并长期持有，投资经理需要切实具有卓越才能，能够向一系列参与者成功传递她的想法，并激励这些参与者坚持下去。

解释完法老的梦之后，约瑟夫还主动提出了一些建议：聘请一个有智慧和洞察力的人（这是在暗示！）来监督谷物囤积工程。为什么要找有智慧和洞察力的人？为什么不找物流专家，或者有管理大型企业经验的人呢？如果约瑟夫的预言全都成真，那么谷物储备将持续增长 7 年，而不会出现干旱，埃及人民的决心将备受考验。几年后，他的竞争对手、军人、牧师、农民，还有法老都会质疑他的解梦预言。甚至约瑟夫也可能开始怀疑干旱是否真的要来了，或者担心他自己错过了一些隐蔽情况。关于预言的记忆越来越模糊，他还会质疑自己是否误解了梦。

过去，他的预测确实应验过，但应验情况也是时有时无的。在狱中，他正确地预测了另外两名囚犯的命运：法老的酒政将在三天内复职，而膳长将被绞死。⊖这当然是不同寻常的，但他是不是只是运气好而已？他的运气现在用光了吗？至少有一个预言尚未应验：约瑟夫儿时梦见自己要统治他的兄弟们。

想着减少损失，约瑟夫一定备受压力。7 年的等待时间太长了。只有明智的管理者才能长时间地保持勇气，同时激励他人抱有信心。约瑟夫和法老无论多么努力，都无法将他们信仰的力量完全传递给埃及人民。他们的个人经验塑造了他们的个人观点，无法与他人分享。口头解释无法传达出预言是什么。

⊖ 这句话中的酒政和膳长是埃及法老最信任的两位大臣。膳长负责为法老调制食物，酒政则将送到法老面前的饮食先行尝试，看有没有被污染或下毒。——译者注

相反，约瑟夫和法老依靠技巧和权威来牵制利益相关者。法老不仅雇用了约瑟夫，而且还提拔了他。对一名普通的谷物采购员来说，这个提拔看来不必要。任命约瑟夫后，法老给他戴上印章戒指和金项链，还给他穿上细麻衣，让他坐着战车在埃及人面前游行，以表明约瑟夫现在是法老眼中明明白白的二号人物。这种权威让约瑟夫完成了他的自为赌注。

权威随时可能被夺走，为了维持权威，约瑟夫需要靠智慧。不管埃及人多么可变通，约瑟夫和法老都不可能传递出他们的信念。约瑟夫曾得到过神的启示，当时，法老就在现场。这种体验独一无二。没有文字，当然也没有数学模型来描述他们当时必须冒的险。

如果我和我的合伙人拥有约瑟夫那样的智慧，抑或是法老那样的权威，那么在2008—2009年期间，就不会有投资者撤出我们的基金，我们会筹集到大量资金，可以低价购买资产。如果我们完全无法激起投资者的信心，那么所有人都会想赎回所持有的基金份额，而我们也将无法筹集到任何新资金。现实情况介于两者之间：大约一半的投资者赎回了基金，而新的投资在2011年开始流入我们的基金。

在我看来，2008年年末至2009年期间离场观望的投资者错过了在两年内翻两倍或三倍的机会，而当时还无须承担太多风险。但我想，他们这些人是否还在自责。正如我们已经讨论过的，信念本质上是属于个人的。那么，这也是一种超越自我的冒险，一种不同寻常的行为。无论狂热信徒们如何努力说服，很少有机构投资者能够做出大胆抄底那样的冒险行为。

多年前，我请来一位知名风险投资家，在经济与金融的一堂课上做了一次简短的演讲。这门课涵盖了相当多的理论，我希望她能用丰富的案例来深化理论。我们事先聊了聊她可能会说些什么，她表示案例分享会持续到最后。但她在演讲最后时说，当她看着一个创业者的眼睛时，她的直觉告诉了她该怎么说。当时，我能感觉到学生们在想，"哦，我能做到这一点"。他们不明白一个学期过去了，他们为什么要因我教的那些理论而感到烦恼。

从那以后，我几乎没有邀请过演讲嘉宾。但在某种程度上，这位风险投资家是对的。她从事的业务需要赌直觉，而直觉无法完全传递给他人。不管是她的投资者还是有限合伙人，都明白这一点。每当她推出一只新基金时，投资者都会签署一份具有约束力的法律协议，让她可以和约瑟夫一样，7 年时间内不受干涉，从而证明她的能力。这就是 21 世纪的"印章戒指"。

第三部分

人

Willful
HOW WE CHOOSE WHAT
WE DO

———

真爱无价。

——约翰·列侬（John Lennon）和
保罗·麦卡特尼（Paul McCartney）

第六章

利他行为

　　圣经寓言中善良的撒玛利亚人⊖所做的善事符合利他主义的定义：一种为改善他人的利益，从而使行为人付出代价的自愿行为。这则寓言是这么讲的，一个男人被强盗打劫，受了重伤，半死不活地躺在路边，在从耶路撒冷到耶利哥的路上。有两个人路过，却没有伸出援手，他们甚至不闻不问，也没有停下来看看他是死是活。但撒玛利亚人不是这样的，他停下脚步，给伤者包扎伤口，还送他去旅馆休息、照顾他。撒玛利亚人离开的时候还不忘支付旅馆老板费用以继续照顾他。撒玛利亚人自

　　⊖ "善良的撒玛利亚人"（The Good Samaritan）是基督教文化中一个著名口头语，意为好心人、见义勇为的人。——译者注

愿付出了时间和金钱，却不求回报。这是一种关心陌生人幸福的表现。这种行为是自为行为吗？在得出结论之前，让我们先来看看不同类别的利他行为。

我们可以很容易地用理性选择来解释一些亲社会行为：一端的人对我们实现目标有帮助，大家共同努力实现共同目标，互惠互利，行善事，期待未来有利可图；另一端的人与我们的联系十分紧密，他们的利益就是我们的利益。在这两种情况下，我们为了他人的利益而采取行动，背后是有目的的，理性选择可以解释我们如何与我们所爱的人或爱我们的人一起来实现我们的愿望。然而，对于两端中间的人，我们更多地将他们视为客观对象，而不是我们自己的延伸。这种利他主义行为不是有目的的，而是自发的、自为的。

一、利他行为分类

我们可以将利他行为分为五大类：①自私的利他行为，即一个人表面上服从大众利益，实际上却在改善自身利益；②礼仪和道德，即一个人遵守社会规范或坚持既定的道德原则；③关心型利他行为，即一个人直接关心另一个人的幸福；④仁慈，即一个人偶尔做出的利他行为无法用理性来解释；⑤出于爱的利他行为，则描述了超越偏好、与偏好无关的利他行为。目的性选择模型尚能解释前三种类型的利他行为，但无法解释后两种。

1. 天生自私的利他行为

虽然"自私"有其消极含义，但自私的利他行为不一定是坏的。它可以是没有恶意的，比如一边帮助朋友、支援生意伙伴，一边期待回报。（如果双方有明确的协议，我们则不会称之为利他行为——那只是在做生意。）但当有人声称通过志愿服务、从事慈善工作或捐赠来服务公众利益时，背后却也可能是出于自私的动机。如果做这些事情是为了表现出慷慨的姿态、获取他人信任或为私人利益服务，那么这种利他行为就有其自私的一面。

对自私的利他主义者来说，最重要的武器是重复交易。众所周知，如果囚徒困境博弈只发生一次，寻求收益最大化的博弈方会选择低效的非合作模式。但如果他们重复博弈，并且关心个人收益现值，他们就应学会合作。如果一方作弊，另一方就会转向非合作策略，以牙还牙，直到对方恢复合作。从孤立个体的角度来看，每一次合作看起来都很无私，因为每一方都可以通过作弊来做得更好。但从长远来看，合作对双方都有好处。

在商业环境中，即使彼此只合作过一次，声誉也可以将所有参与者联系在一起。当一方在每一轮都需要面临一个新的对手方时，只要后续的对手方看重其声誉并且珍惜自身声誉，那么合作行为可以使一个自利的人受益。就每一轮来说，表面上，个体再次表现出利他主义，但实际上，每个人可能都在为实现个人利益而追求最佳策略。[1]

愤世嫉俗者可能会说，所有的利他行为本质上都是自私的。这种观点不能当真。例如，志愿服务若只是出于私人利益，则每个人都会认为这是一个诡计。因此，如果无法传达出预期的信息，就没有人会做志愿服务。我们承认某些利他行为是自私的，但并不是所有的利他行为都是自私的。

2. 礼仪和道德

我们可能不认为礼貌行为是利他的，但它确实符合上述有关利他的定义。我们从小就被灌输要讲礼貌，但在目的性选择模型中，可以将礼貌看作需求，它有价格，可以交易。遵守基本的社会规范是可以预见的：我通常不会在火车上打电话，但综合考虑通话的紧急程度、预计时长、车内人数、信号质量等因素，有时可能会打破这一原则。遵守规范，则个人满意、社会认可；违反规范，则招致损失、产生成本。

按照道德准则行事，我们也可以将其理解为目的性行为。虽然每次在相同情况下，规则都会要求人们做出相同的行为，但人们有时会违背自己的道德准则，表明这些准则并不是硬性规定。从根本上说，遵守道德准则是一种需求，必须与其他需求平衡。这种需求的强度因人而异。堕落的人根本不在乎行动是否正确，大多数人有时会为权宜之计而让步（违反原则要付出代价，但代价很小），而正直的人则认为违反规则将付出高昂代价，或者干脆拒绝权宜之计。

如果我们承认，人们在不付出太多代价的情况下更愿意遵守礼仪和原则，那么就可以将"最后通牒博弈"等类似实验中的行为解释为目的性行为。博弈是这样的：两个匿名者参与，提议者就如何在两个人之间分配固定金额（比如 10 美元）提出建议，回应者可以接受也可以拒绝。如果她接受，她的部分就归她了。但如果她拒绝，那两个人都将空手而归。如果在单轮游戏中，两个玩家都只关心钱，并且相信规则，那么提议者应该提议分给自己 9.99 美元，分给回应者 0.01 美元。对此，回应者应该选择接受，因为 0.01 美元总比没有好。

然而，在实验中通常不会发生这种情况。数据显示，在发达国家，大多数提议者所提出的分配方案都大致相当。在一项精心设计的研究中，研究人员发现，卢布尔雅那和匹兹堡的分配比在 50/50 左右，而东京和耶路撒冷的分配比则在 60/40 左右。在这 4 个城市，回应者往往会拒绝分配少的方案，这表明他们会牺牲经济利益来惩罚分配上的明显不平等。[2]

大多数有关"最后通牒博弈"的文献表明，遵守社会规范的成本相当低，只需要几美元。但是，在印度贫困村庄进行的实验发现，在赌注最多达 160 天工资的情况下，赌注越高，分配越不平等；越偏向于提议者，回应者越不会拒绝。这是因为，提议者公平分配的代价在上升，回应者惩罚不平等的代价也在上升，参与者倾向于优先考虑财富最大化。[3]

3. 关心型利他行为

用经济学术语来说，真诚关心他人的幸福会导致效用函数

"相互关联"。如果孩子的幸福直接影响父母的幸福，那么父母就会表现出关心型利他行为：父母希望孩子幸福。但也要注意，这不一定是双向的。父母可能关心孩子，也可能不关心孩子；孩子可能关心父母，也可能不关心父母。

关心型利他行为可以分为两类。在观察到的关心型利他行为中，仁慈的人（关心者）收入足够高，关心程度足够高，从而做出利他行为。在未观察到的关心中，仁慈的人也关心，但还不足以为此付出任何代价。

（1）观察到的关心型利他行为

加里·贝克尔（Gary Becker）提出坏孩子定理（Rotten Kid Theorem），向我们展示了一名仁慈、有利他心的家庭成员（指为人父母者），如何在理论上将一个家庭凝聚为一个优化单元。在模型中，即使孩子自私自利只关心个人消费，家庭的行为也好像在共享一个效用函数和一个预算。他们本能地通过最大化家庭财富来促进个人利益。这样一来，孩子自私不自私都无所谓，有利他心的父母会越来越富有，生活越过越好，包括孩子的消费水平也更高了。[4]

鉴于仁慈父母的偏好，家庭内部财富的再分配会由此自动生成。（为了简单起见，以下按照贝克尔的说法，将仁慈的家庭成员指定为母亲。）母亲的动机不是为了在养育过程中肯定她的个人形象，她也不关心公平或正义。她只是希望孩子们快乐，因为他们的快乐与她的快乐直接相关。在这种情况下，再分配

从来不是一种惩罚，因为惩罚会给家庭带来无谓损失，每个人
都必须承担。

坏小孩定理充其量只是现实的一个理想化版本。它依赖于
这样一个假设，即家庭中每个成员都完全了解其他人对不同结
果的看法。它还假设其中一位仁慈者主动给其他人让渡资金。
根据这些假设，似乎家庭内每个人都是无私的，并致力于最大
化集体福利。但实际上，母亲的行为是关心型利他行为，而
"坏孩子"所表现出来的则是特殊的自私利他行为。不过，由于
双方都是为了对方的利益而行事，母亲想要最大限度地实现共
同目标。受此约束，局外人无法察觉其中的差异。我们在第一
章所谈到的母亲和拯救溺水丈夫的妻子都非常关心她们的家庭，
但在我们定义的目的上，她们是相反的。拯救丈夫的妻子，行
为超出了目的性计算；而母亲的行为则可以根据个人偏好来建
模模拟。

在坏孩子定理中，观察到的关心涉及的人数有限。另一种
观察到的关心，即有效利他行为，则涵盖了许多人。这种关爱
源于对世界上每一个人福祉的关心，通常还包括动物在内。澳
大利亚哲学家彼得·辛格（Peter Singer）积极倡导有效利他主
义。他遵循这样一个原则，即在道德上，生活在富裕国家的人
有义务支持那些帮助各国穷人的慈善机构。他认为，在他人挨
饿的时候，你花钱买奢侈品，就等同于你因为不想弄脏衣服而
任由儿童溺水。[5]

相比远方的人，有效利他主义者并不会给予离自己较近的

人更多，他们也不会去四处传播他们的慈善事业。相反，他们专注于那些影响力大的慈善机构。当他们能感觉到一种私人联系时，就不是在给予，而是在支持相关组织，有效提升最需要帮助人群的福利。他们很少为这些伟大的事业做志愿服务，更愿意长时间从事高薪工作，以最大限度地贡献自己的力量。

你不必为了成为有效利他主义者，就捐出自己的全部或大部分金钱。运用标准的目的性选择模型，你一直给予，直到你从帮助他人中获得的边际收益等于你减少消费的边际成本。有效利他主义者并没有给予足够的数量来减少世界上的痛苦。也就是说，他们付出的每一美元都不是那么有效。

但是，给予确实增加了他们自身消费的边际收益。为了减少开支，他们首先削减那些最多余的开支。例如，他们可能会改掉买 4 美元一杯咖啡的习惯，转而花 50 美分在家煮咖啡。一开始只是些简单的牺牲，一旦完成了所有这些简单牺牲，往后的削减将越来越痛苦。为了每天再省下 50 美分，到最后他们可能不得不放弃咖啡。最终，他们达到了一个平衡点，即从直接用于消费的最后一美元中获得的满足感，等于多捐给穷人一美元所带来的边际价值。有效利他主义对应的慷慨程度取决于财富和偏好。检验方式是，一个人给予的数量是否足以明显影响她的生活方式，以及资助的事业是否是她认为的对人类最有益的事业。

还有一些极端的有效利他主义者，他们和普通的有效利他主义者一样，会在他们认为自己能够做得最好的事情上贡献力量。但极端利他主义者会感到自己与世界上的每一个人都有着极其深厚的纽带，他们会一直付出，直到为自己花一美元所带来的额外满足感等于一美元为有需要的人带来的利益。与普通的有效利他主义者不同，他们将自己放在与其他人平等的位置上，他们会问自己："比起远方的陌生人，我是否更需要这个？"极端的有效利他主义需要大量的收入转移支付，因此非常罕见。极端的利他主义者不同寻常，他的幸福完全依赖于陌生人的幸福。[6]

（2）未观察到的关心型利他行为

关心型利他行为必须包含强烈的情感纽带，才可以被观察到。但是，关心可能往往处于低水平，不足以催化行动。有人关心，但不采取行动，这就是我所说的"未观察到的关心"。这种太微弱而观察不到的关心，无处不在。1759 年，亚当·斯密写道，"即便是最残忍的恶棍，即便是严重违犯法律规范的人，也不会丧失全部同情心……他的本性中的原则，使他关心别人的命运"。[7]可见，恶棍对他人的关心程度很薄弱。这不是"关心"，只是"兴趣"。他并不是很有原则，但也不是完全没有原则。虽然他的兴趣确实存在，但他并没有采取行动。

人们想要私人飞机，也想要改善难民福祉，但他们可能不会在这些方面花钱，毕竟渴求程度太低，成本又太高。例如，我是纽约扬基棒球队的球迷，和一些人一样，虽同为球迷，但彼此都是陌生人。扬基队的战绩进入了我的偏好，但影响太小了，我不会为了让球队请到更好的球员而给他们钱。我虽然在乎，但不足以为此付出行动。这并不意味着我是伪君子。关心是真诚的，即使它没有导致行动。[8]

对此，我们可以通过一个思想实验来验证未观察到的关心：假设别人不知道，你会出钱来惠及他人吗？如果捐款数百万美元扬基队就可以获得一名全明星投手，我可能会匿名捐赠一美元。这样一来，球队的福利必须进入我的效用函数。[9]

迄今为止我们讨论的所有例子中，利他行为都适用于目的性选择。在自私的利他主义中，与他人的联系非常脆弱。在满足利他主义者时，他人的因素就成为优化策略的一部分。如果我们的行为动机与良好举止、社会规范和道德规范相一致，那么这些行为动机就可以放在一起进行评估，也可以和其他愿望放在一起进行评估。如果利他主义者与他人的联系十分紧密，那么她在考虑日常优化策略时会纳入他人的福祉这项因素，我们也就可以观察到关心型利他行为。如果关心真诚但程度较低，那么关心就不可能被观察到，这是因为其他选择更可取，所以最好不要采取利他行为。因此，这些案例都无法寻求目的性选择模型的帮助。

4. 仁慈

大约 500 年前，蒙田说过："当我行事公正，让他人满意时，我自己也会产生一种满足感。"[10] 研究人员在重新解读这种满足感时，称之为"温情（Warm Glow）效应"，并试图将其纳入目的性选择模型。[11] 但是，追求蒙田所说的满足感是一种意志的自由活动，而且这种行为优先考虑的是帮助他人而非确保最优化，因此这是一种自为行为。

有这么一则佛教寓言：两个和尚沿着河边散步，当他们看到一个年轻女子挣扎着过河时，年长的和尚抱起她，把她带到了对岸。后来，对此感到很惊讶的小和尚问他为什么要这么做，因为清规戒律是不允许和尚与女性接触的。年长的和尚回答说，他只是短暂地抱过那个女人，已经放下了，而小和尚怎么还继续想着她。这就是一种自为行为、不同寻常的利他行为，或者说是仁慈。

这一行为发生在一个特殊时刻，这个时刻上，这位年长的和尚做出了一个决定，而不受任何普遍规则的支配。他并不是有意打算做好事，而是在旅途中对出现的意外情况做出反应。正如其他自为行为一样，真实性在这里起着重要作用。路遇脚步蹒跚的老太太，我们可能会上前帮助她过马路，但我们不会为了减少人行横道上的无助人群，而去主动寻找像她这样的受助对象，只是偶尔进行这样的利他行为。决定去帮助他人是一种意志行为，本质上是零星的、不可预测的。

这些利他行为是在提供帮助，而非寻找最有效的方法来让受助者过得更好。假设这位老太太从我的帮助中得到 20 美分，送她过马路需要一分钟，我的税后工资是每分钟 1 美元。即使所有变量都有完美信息，我也不想说："女士，你拿 60 美分。我要一个人更快地过马路，这样我们都会多赚 40 美分。"我也不会花 15 美分在街角雇个人陪她过马路，尽管这样做会比我自己陪她过马路要便宜 85 美分。我并不直接关心这位老太太的福利状态，或者至少，这不是驱使我帮助她的动力所在。

目的性选择的坚定捍卫者可能会认为这种行为是关心型利他主义：突然关心老太太，关心持续片刻，然后消失。但在求解优化问题中，不需要考虑短暂的优先级。在教科书中，理性选择的前提条件是合埋稳定的偏好。如果愿望随意地变来变去，理性选择就不能再解释我们的行为。所以说，如果把这种行为归因于愿望的随机性，将导致理性选择变得毫无用处。

捍卫目的性选择的人们可以尝试从行为或道德的角度来解释这种行为。显然，还有很多这样的例子。举一个比帮助过马路的老太太更常见的例子，我和许多纽约人一样，每隔一段时间都会做志愿者，帮助那些看不懂地图的游客。我不知道自己为什么有时这么做，有时又不这么做。没有任何明确的解释，这种行为就是自为行为。

5. 出于爱的利他行为

如果不能涵盖所有偏好，那么我们的分类就不完整。最后一类自为行为体现在第一章中跳进河里救丈夫的女人身上。这种行为的本质无法用关心型利他主义（或任何其他目的性利他主义）甚至仁慈来解释。这个例子与人与人之间的爱有关，此外也可能包括那些虔诚宗教信徒的克己行为，他们出于对"上帝"的爱而做出了非凡的牺牲。

二、分析仁慈行为

"仁慈"描述了一种不可预测的、无私的利他行为，不能以直接偏好他人福祉为特征。它可以有效或无效，可以是慷慨的或不慷慨的，还可以与其他类型的利他行为共存。冒着生命危险自发地、英勇地营救陌生人，当然是仁慈的。即使扶老太太过马路是一件平凡而低效的事情（给她 60 美分会更有效率），这仍然是一种自发的无私行为，以牺牲自己前进的步伐为代价。

仁慈行为的出发点是为了保证某个人的利益，并且无视成本效益，这在军事行动中屡见不鲜。1972 年，当上尉罗杰·洛克（Roger Locher）的飞机在越南坠毁后，约翰·沃格特（John Vogt）将军派出 119 架飞机营救洛克。对此，沃格特并没有从任何一份战略手册中获得相关经验。正如他后来解释的那样，这是一个个人决定："我自己对整件事负责。我没有征求任何人的同意。"[12]

仁慈行为常常与利他主义者的自身利益背道而驰，正如《圣经》(the Bible) 中所多玛（Sodom）和蛾摩拉（Gomorrah）的故事。当"上帝"告诉亚伯拉罕（Abraham）他要毁灭这两座城市的计划时，亚伯拉罕反对并求情。最终"上帝"同意，倘若在城里找到 50 个正直的人，就因他们的缘故饶恕全城。但亚伯拉罕还在不停地讨价还价：45、40、30、20 怎么样？最后，"上帝"同意，如果能找到 10 个正直的人，就取消毁灭计划。（但即使如此，要达到这个要求也太难了。第二天，"上帝"用火和硫黄将两地夷为平地。）

所多玛和蛾摩拉两座城是鄙视慈善的自私社会，极其反对
热情好客，以至于城里所有人都试图惩罚住在罗得（Lot）家里
的天使，因为天使依靠罗得的热情好客生活而不是自己养活自
己。根据犹太人的解释，亚伯拉罕的人生使命是促进善良和慈
善。亚伯拉罕不是和平主义者（就在这件事发生之前，他和他
的仆人屠杀了埃兰人来拯救罗得），毁灭所多玛和蛾摩拉肯定会
让世界变得更善良、更仁慈，但显然，他没有这样的打算。他
没有要求只拯救正直的人，也没有要求更好的东西，比如结束
饥荒。反而，他出于对所有居民的仁慈（无论他们是不是正直
的人），反对"上帝"的计划，浪费了自己的影响力。

通过一项对雌性卷尾猴的实验，弗兰斯·德·瓦尔（Frans
de Waal）及其研究伙伴证实：我们偶尔冲动的仁慈行为，其深
层根源不仅在古代宗教文本中，而且在灵长类动物的进化遗传
中也很明显。把两只猴子放在相邻的笼子里，给"受试猴子"
提供两个选项：①代表"自私"，选择结果是只给受试猴子奖励
水果；②代表"亲社会"，选择结果是受试猴子所获奖励不变，
同时"伙伴猴子"获得等价奖励。在整个实验过程中，受试猴
子扮演着相同的角色，因此客观上不存在互惠性。

猴子做出亲社会选择的次数明显多于自私选择，尤其是随
着实验的进行，它们更多地了解到选择的意义。如果受试猴子
可以看见伙伴猴子，或者和同伴属于同一社会群体，它们也更
有可能做出亲社会选择。[13]这符合蒙田所说的满足感：当你能

看到你的利他行为，当你知道谁在受益，事情会更加令人愉悦。但猴子并不是每次都做出亲社会选择，它们希望每一个行动都是出自自己的想法，想做什么就做什么。

这个实验的一个差异化设计还表明，猴子并不直接关心它们同伴的幸福。在亲社会选择下，奖励并不公平，受试猴子得到一块苹果，伙伴猴子得到一颗葡萄，而卷尾猴更喜欢葡萄的滋味。这样一来，直接关心同伴幸福的受试猴子更有可能做出亲社会选择，对它来说，不用付出任何代价，同伴就可以获取奖励。但是，当亲社会选择给同伴带来的奖励更大时，受试猴子就不再这么做了。它们喜欢做好事，但也只是在一定程度上。[14]

通过以上这些研究，我们看到了一种根深蒂固的仁慈倾向，但每一个仁慈行为都是独一无二的。如果我们一直都很仁慈，那么行动就不是出于仁慈，而是遵守规则了。

尽管如此，如果一项既定的慈善行为存在某种自发成分，它依旧可能是仁慈的。假设有人决定每周捐款，并且捐款实施计划毫无定式。本周，全捐给一个导盲犬慈善机构；下周，一半捐给歌剧院，一半捐给红十字会……就行动计划来看，这感觉是目的性行为，但同时表达了道德原则，保留了自为元素。

有时，我们很难区分开目的性行为与自为行为。第一次看《卡萨布兰卡》（*Casablamca*）的时候，当里克（Rick）送伊尔莎（Ilsa）和她丈夫上飞机，一起奔向自由时，我们很感动。里克暗示他前一天晚上还在纠结到底应该怎么做，但观众觉得他当时就在做最后的决定，这将使之成为一种自为的仁慈行为。在他说的伊尔莎最终会后悔离开她的丈夫这句"名言"中，我们也能发现一些内容，其中有种关心型利他行为的感觉，而考虑到伊尔莎的不快乐会影响到里克，这也可能是一种自私的利他行为。

三、一次性的仁慈行为

我们时不时地做一些世俗意义上的善事。大约 5 年前，我打破了原本的生活规则，转而支持这样一个善举——即使过了这么久，我对这个决定仍然感到很困惑。

在给学生成绩方面，我态度严肃。课堂成绩由期中考试成绩的 45%、期末考试成绩的 45% 和家庭作业成绩的 10% 构成。考试大多是选择题，简答题评分规则清晰。成绩等级严格对应分数，均值为 B+。

每次成绩一公布，我就会收到一大堆抗议邮件。如果确认期末成绩无误，我会给心怀不满的学生发送标准回复：

亲爱的先生／女士：

分数等级根据公式确定。这是您的详细得分情况……公式会依据得分情况生成相应的数值，并与等级区间一一对应，具体见下表……每个人都一样。我希望你在课堂上学到了有用的东西，纵使不记得当初的得分，这些东西对你依然有所帮助。

如果学生的分值刚好低于等级临界值，我会补充道：

您的成绩十分接近 A-，但不幸的是尚未达到标准。着实可惜。我希望你一生中，好运会盖过恶运。

通常他们会接受我的答复，然后就结束了。偶尔，也有学生会继续问"我该怎么做才能提高成绩"，这些学生显然是读过《谈判力》（*Getting to yes*）的。而我的回答总是："我不能给你一个建议，除非我也给其他所有人这个建议。"如果学生仍然不放弃，我会写道："唯一的办法就是发明时光机，回到过去，努力学习。"

一次，我收到一名学生的电子邮件，她说由于她的成绩是B-，她可能会失去新加坡政府的资助。我不认识她，连名字都想不起来，这说明她在课堂上没有积极参与，也没有在办公时间来寻求帮助。关于我的课，成绩是努力的结果，所以我确信B- 是她的责任。

但就在我准备如往常一样，发送那封"人人都一样"的电子邮件时，我把她的成绩改成了 B，我让她不要告诉任何人。后来据我所知，她坚守了约定。

我为什么要给她行个方便？对此，我没有任何好处。我再也见不到她，也因为不认识她，并不会关心她个人情况。我也不能用某种道德准则来证明我是在为共同利益而行动，而且我们可以想象一下，如果这位年轻女士失去了奖学金，那么这笔钱将会给到一名更值得新加坡政府资助的学生、一名分数合规达标的学生身上。

进一步地说，我确实有一些利益损失。如果我随意更改分数的消息传出去，那么这一仁慈之举就会打开类似请愿的闸门。显然，我不可能去随意更改每一名学生的分数，以致迅速破坏我的打分原则，使其从有序到混乱。现在 5 年过去了，我可以肯定地说，我没有滑下那个"斜坡"：我从来没有对其他学生做出过类似的仁慈之举。

我没有理由去支持她的不当请求，而且当时还有充分理由驳回。那么，我的行为是否合理？我失去控制了吗？我并不这么认为。这种利他行为不能用目的性选择来解释，而是一种自发的、随意的、一次性的善举。我不以帮助她为荣，也不因此而感到后悔。我只能说我这么做了。这一自为行为不同寻常，除了仁慈行事之外，不能用任何动机来加以解释。

四、出于爱的利他行为

让我们重温本书开头那个跳河去救溺水丈夫的女子。在此，我们将再为他们的故事添加一些细节。

丈夫几乎从不遛狗，狗是妻子想养的，而他从一开始就不想养。有时，即使丈夫已经回家了，妻子也不得不早早离开办公室回家去遛狗。丈夫不介意做点运动，但他认为遛狗是妻子的责任，所以不会去遛狗。

妻子回到家，指责丈夫自私。丈夫虽然不喜欢被骂，但也没有改变自己的行为。妻子虽然发泄了怨气，但这种发泄让丈夫不开心。

如果对一方的关心会影响另一方的生活习惯，那么显然这两个人并不互相关心。当然，如果狗是唯一有争议的问题，我们可以忽略这个问题。为了证明还有一类自为利他行为，让我们假设，在很多类似的情况下，夫妻其中一方未能为对方付出一点努力，而这一点努力或将大大满足另一方。这并不是说他们的婚姻很糟糕，只是他们不重视彼此的幸福。他们可能经常互相帮助，身体力行地体现了两种目的性利他行为：自私利他行为（有来有往的互惠）和社会规范类利他行为。他们可能会享受彼此的陪伴，并且真切认为他们的婚姻很幸福。但他们并不直接关心彼此的幸福。[15]

尽管如此，妻子可以是爱丈夫的。准确地说：当他在河里溺水时，她暂停了原先自己定义的目的性行为模式。在这种情况下，爱不是一种欲望，拯救所爱之人也不是一种偏好。她的诸多偏好都比不上她对丈夫的爱。这不是怜悯。只要出现同样的情况，她都可能跳进河里，但她无法提供一个有意义的理由。跳下去的原因可能与其他选择有关，但不是怜悯。这个原因的合理性大于任何手段、目的或取舍。

在丈夫的生命受到威胁的情况下，把妻子的选择说成是未观察到的关心，这是错误的。为了合乎逻辑地说明这一点，我们可以进一步细化这个例子。假设丈夫刚从河里出来，妻子就继续唠叨，或者用其他行为方式，使丈夫的生活质量大大降低。尽管如此，关键时刻，她还是跳下去了。

我们已经提到了一些非同寻常的、自为的仁慈行为，如抱女子过河的年长的和尚和拯救洛克上尉的沃格特将军，但这些在逻辑上都与无私的爱不同。以上善举可能零星发生，而妻子可能每次都会试图救丈夫。以上善举的动机也不是来自施惠人与受惠人之间的紧密联系。重要的是，高僧和将军之所以这么做，并不是因为这么做的吸引力超越了其他任何事情。我并不否认存在一些模棱两可的案例，也许就如《卡萨布兰卡》的结尾，我们可以为这究竟是仁慈还是爱而争论不休。但不管怎样，这些行为是自为的。

五、恶意

在战略竞争中，自私的利他行为也有其对应物。下棋时，只要对手输掉一颗价值更高的棋子，我们就乐意输掉一颗。这种行为显然是有目的的。但是，正如出于自我利益的施惠行为缺乏利他主义精神一样，战略竞争也缺乏引发恶意行为的报复心理和仇恨怒火。

撇开战略竞争不谈，模型化恶意行为，并不是简单地反过来应用亲社会利他行为分类。考虑一下礼仪和道德规范这类利他行为：虽然一些社会允许复仇，但大多数道德规范都强调爱你的邻居，而不是爱伤害你的敌人。

相对用坏孩子定理去模拟观察到的关心型利他行为，恶意行为没有这种清晰的类比。人们很少会为了使敌人的损失与自己的损失等同，而不断消耗资源。一个人要如母亲爱她的孩子一般强烈地恨一个人，会是一场痛苦的斗争，本质上是不稳定的。很快，这个人就会消灭她的敌人。就未观察到的恶意而言，如果出于关注敌人的痛苦，我们就以某种比率交换自己的痛苦，这似乎不太可信。假设我走在一条偏僻的街道上，碰巧遇到敌人停放的汽车。只需要一瞬间，我就可以向汽车的挡风玻璃扔一块石头，而且没有人会怀疑我是罪魁祸首。然而，我无法想象自己会做出如此疯狂的事情。

因此，有效利他主义的反面可能非常荒谬：除了患有精神疾病的人，没有人会无端伤害陌生人。一个受尽生活折磨、精神错乱的人可能会时不时地制造痛苦，但要成为有效利他主义者的对立面，她就必须致力于给整个人类带来最大的痛苦。恐怖分子可能想对特定人群造成伤害，他们为了达到某种目的，行为出于自私的恶意，其中还夹杂着伤害"敌人"带来的乐趣。

出于爱的利他主义在激情犯罪中有一个直接的恶意对应物。仁慈也必须有一个恶意对应物，因为我们无法否认作恶的"乐趣"，也无法否认复仇的"快感"。在自为的恶意（在此称之为"怨恨"）中，重要的是行为。这种恶意的机会要自然而然地出现，而惩罚最理想的方式是利用敌人的缺陷。不管是在现实生活中，还是在小说里，诗意的正义都是令人愉悦的。

在文学作品中描述过很多复仇，我认为其中最具艺术表现力的是埃德加·爱伦·坡（Edgar Allan Poe）的《一桶蒙特亚白葡萄酒》（*The Cask of Amontillado*）。在一次狂欢节中偶然相遇后，蒙特利梭（Montresor）利用敌人福图纳托（Fortunato）的虚荣心，诱骗他走向地下墓穴。这次谋杀是有预谋的，蒙特利梭只是在等待合适的时机。尽管如此，相比仁慈行为，自发性在怨恨中的作用并不那么重要，毕竟别出心裁的惩罚手段通常需要一定程度的计划性。仁慈惠及陌生人，而怨恨涉及的则是对特定个人的强烈敌意。就像所有精心设计的恶意行为一样，受害者在这里承认了自己的失败。

仁慈和怨恨之间还存在一些其他的重要区别。生活为我们提供了大量机会去利他，我们只能追求其中的一小部分。相比之下，享受怨恨乐趣的机会却很少。（鉴于恶意行为只需要行为人看起来巧妙即可，因此标准低的人可能会发现更多的机会来施展自为恶意行为。）尽管哲学家杰里米·边沁（Jeremy Bentham）声称恶意是人生的基本乐趣之一，但恶意可能与内心冲突相伴。[16] 恶意行为，尤其是那些违反道德原则的行为，会让人产生挥之不去的负罪感和自我怀疑。50 年后，蒙特利梭仍在为他的罪行辩解。

六、遗憾与悔恨

遗憾（Regret）和悔恨（Remorse）这两种感觉并不相同，但如果我们将所有的行为都看作有目的的，可能会混淆这两种感觉。

追求好结果时却出错，我们会感到遗憾。当人们说他们感到遗憾时，这可能只是事后诸葛亮，他们意识到了如果做出不同的选择会更好，或者他们的意思是自己估计错了：如果考虑得更仔细些，就能采取不同的行动。遗憾完全属于目的性领域。我们应该能够从错误中吸取教训，让遗憾成为过去。

悔恨不仅是一种程度更强烈的遗憾，而且归属另一个不同类别。如果说，因为 1986 年没有买黄金，我感到遗憾，大家都不会惊讶，毕竟黄金价格在接下来的 33 年中上涨了 3 倍。然而，如果说，1986 年微软（Microsoft）首次公开发行股票时，我没有买该公司的股票，为此而感到悔恨，这听起来就有些奇怪了，尽管股票在 33 年中上涨了 500 倍。不过，相比黄金，我对没有购买微软股票确实感到更遗憾。

如果一个人判断严重失误，或有不道德的行为，补救措施（如果有的话）就是忏悔。这种忏悔，就如最初的行为一般，是自为的。忏悔不能外包。替罪羊、食罪者[⊖]和购买赎罪券都已成

⊖　食罪者是 16 世纪至 20 世纪初一种在英国苏格兰与维尔茨地区因民俗信仰而出现的职业。食罪者的工作是在葬礼中通过宗教仪式来净化往生者的罪。这种仪式把盐和面包放在死者的尸体上，食罪者要做的就是将尸体上面的食物吃掉，将罪过"转移"到自己身上。——译者注

为历史。慈善捐赠（不能排除存在目的性成分）可能有助于减轻一般的罪恶感，但不能减轻对某一特定行为的悔恨。如果行为本身不是为了优化个人幸福，那么随后的悔悟也不是。

让－保罗·萨特（Jean-Paul Sartre）曾讲述过一名学生的故事，他的兄弟在 1940 年的战争中丧生。这名学生很纠结：他觉得自己必须加入自由法国军队（Free French Forces），但也必须留在家中照顾母亲，没有他，母亲会很痛苦。[17] 这是一个艰难的决定。他可以权衡一下自己可能对战争结局造成的影响，以及他的缺席可能对母亲造成的影响。无论哪种情况，他都可以在事后辩称，他在道德框架下做出了明智的选择。尽管如此，我们不可能在目的性选择的框架内去看他的决定。他无法量化和比较参战的收益，以及抛弃母亲的成本。对母亲无私的爱，对国家无私的爱，以及对哥哥的想念，他正在努力应对所有这些利他因素，最终做出了自为选择。无论他选择什么，他都注定要悔恨，但这并不意味着他一定会感到遗憾。他也可以既对自己的决定感到悔恨，又相信这是正确的决定。如果可以重来一次，他还是会做出同样的选择。

七、善良的撒玛利亚人

善良的撒玛利亚人没有做任何值得注意的事情，只是停下来看看那个被打的人。这是可以预料到的：每次遇到类似情况，他都会停下脚步。他只是在践行他的成长过程中被灌输的价值观。既然坚持原则或遵循社会习俗是有目的的，我们就可以用理性选择来模拟他的反应。

但是，将被打的人带到旅馆，照顾他，并支付费用让旅馆老板继续照顾他，撒玛利亚人的行为已经提升至另一个境界。如果每遇到一个需要帮助的人，他都给予这么多的关注，那么他永远无法离开耶路撒冷。这种利他主义是不可预测的，因此可以称为自为的仁慈。

正如上文所说，利他主义的几种类别或全部五种类别可以同时发挥作用。如果撒玛利亚人打算事后讲述这个故事来提升个人声誉，他本可以在一定程度上出于自私的利他主义而做出更多的努力。也许，他是一个极端的利他主义者，深切关心着被打的人和其他所有人的幸福。但这些都不能解释他为什么慷慨解囊，即把所有时间和金钱都花在一个人身上。

第七章

公共政策

前文已经提出了这样一个论点，即大部分利他行为是有目的的，而有些利他行为则是自为的。鉴于这种区别，接下来让我们看看，人们，特别是政府为促进集体福利而采取的政策。许多政策直接依赖于目的性选择经济学。（在这里，我们表达上使用"目的性"而非"理性"，以便将利用行为偏差的政策也一同包括进来。）这些政策可以归结为一套固定的规则，这些规则大大扩展了公共品概念的界定范围。但对于其他政策问题，即使是最复杂的目的性选择模型都无法加以解决，而是需要做出艰难的自为选择。我们的讨论也不会解决这些棘手的政策问题或道德困境，但通过把这些政策放入适当的领域，可以获得一些额外的见解。

一、帕累托效率和有目的的公共政策

帕累托效率[⊖]，这一简单规则可以用来确定一个政策是否可以依据目的性选择来进行评估。在目的性选择中，当且仅当一种政策优于另一种政策时，它才是帕累托有效的。也就是说，好的政策可以帮助某人而不会伤害任何人，或者至少使赢家境况更好，从而在理论上可以补偿输家，使得没有人的境况会更差。这种方法假设政策制定者可以确定所有选民的偏好，包括选民的道德原则和赋予这些原则的权重。这虽然不切实际，但这是一个技术问题，不影响政策问题是有目的的还是自为的。[1]

假设一家工厂排放污染物，给附近居民造成了 100 万美元的健康损失。如果可以强制工厂支付 30 万美元来安装相关设备，将污染造成的损失降至 10 万美元，这就是帕累托有效。工厂老板会损失 30 万美元，但由此减少了污染，从中受益最多的那些人可以补偿他。这样一来，每个人都会受益。如果在安装设备前，工厂利润低于 30 万美元，则通过关闭工厂可以实现另一个帕累托改进。

⊖ 帕累托效率也称为帕累托最优，是指资源分配的一种理想状态。假定固有的一群人和可分配的资源，从一种分配状态到另一种状态的变化中，在没有使任何人境况变坏的前提下，使至少一个人变得更好，这就是帕累托改进或帕累托最优。——译者注

假设每个人都有完全信息，为了衡量健康损失（本例中为100万美元），我们需要估计为将工厂的污染减少到零，每个受影响的人所愿意支付的金额，然后加总。要使估计更精确，我们还应该加上社会成本，如政府支付的医保费用。

然而，有些决策必须在没有帕累托效率指导的情况下做出。政治学家迈克尔·泰勒（Michael Taylor）举了一个亚利桑那州亚瓦派印第安人（Arizona's Yavapai Indians）的例子，联邦政府打算在他们世代生活的土地上修建大坝，为此愿意提供补偿，但他们拒绝修建大坝，就算"世界上所有的钱"都拿来补偿他们，他们也不要。[2] 任何物质上的补偿都无法完全弥补他们的损失。要重新安置当地居民，给足他们货币补贴，让每个人都过得更好，这些可能根本无法做到。围绕政府是否可以修建大坝这一问题，社会必须做出自为决策，即大坝发电的收益是否超过其给不情愿的少数人带来的损失。

二、两道道德难题

为了弄清楚目的性决策和自为决策之间的区别，我们可以观察下长期存在的两道道德难题：西塞罗（Cicero）在公元前44年提出的商人的选择和菲利帕·福特（Philippa Foot）在1967年提出的电车难题。[3] 商人的选择是目的性选择，我们可以对目的性选择进行评估、排名和交易。然而，电车难题中的选择最终取决于冲动，个人意志淹没了权衡计算的尝试。作为

（或不作为）是自为的。

西塞罗的故事是这么讲的，当一名商人带着一艘满载粮食的船抵达港口时，罗德斯岛（Rhodes）正在遭受饥荒。这名商人知道其他商人运送粮食的船也在路上。如果像西塞罗告诉我们的那样，商人是善良的，那么他是否要通知饿肚子的罗德斯岛人更多粮食正在路上，从而降低他售卖的粮食的售价？两位犬儒学派⊖人士，安提帕特（Antipater）和第欧根尼（Diogenes）就此事进行了辩论。⊜

安提帕特和第欧根尼一致认为，在其他条件相同的情况下，把事实说出来比较好。但第欧根尼认为，商人没有义务披露这些信息，但不披露和主动隐瞒之间存在很大的区别。安提帕特赞成披露，理由是"你有责任顾及同胞的利益，为社会服务"。[4]

披露事实的主要影响将反映在市场价格上，从而影响商人的利润。无论披露不披露，罗德斯岛人作为一个整体，最终都将在同样的时间得到同样数量的粮食。[5]那么问题来了，罗德斯岛人应该付给商人多少钱？诚实为上策的原则有多么重要？隐瞒重要事实虽然没有撒谎那么糟糕，但也不是什么值得得意的事情。商人必须考虑，如果他计划再次在罗德斯岛做生意，或

⊖　犬儒学派是古希腊一个哲学学派，由苏格拉底的学生安提西尼创立，其信奉者被称为犬儒。该学派否定社会与文明，提倡回归自然，清心寡欲，鄙弃俗世的荣华富贵，要求人克己无求，独善其身。安提西尼的弟子第欧根尼是著名的犬儒学派人士。——译者注

⊜　安提帕特和第欧根尼是否就此辩论已无从考证，经由古罗马哲学家西塞罗转述流传于世。——译者注

如果这件事情传到罗德斯岛之外，他的行为将如何影响他的声誉。他会基于个人财富来评估值得考虑的所有因素。如果财务状况不好，他会倾向于不披露事实。没有任何事情是绝对的。

商人可以权衡潜在的社会影响和个人影响的利弊，然后做出决定，即披露事实的潜在集体收益是否大于保持沉默的私人收益。同样，安提帕特和第欧根尼也能深思熟虑，打磨观点，并考虑自身利益。不过，他们的行为是可以预见的：安提帕特总是支持披露事实；第欧根尼则倾向不披露事实，除非隐瞒造成的损害非常大。这场辩论的每一个方面都符合目的性选择框架。我们可以进行必要的计算，以合理地平衡好公共福利、私人利益和道德原则。

与商人选择极端相反的一个问题就是电车难题。菲利帕·福特最初提出的思想实验有许多版本。其中最著名的是这样一个：5个人站在电车轨道上，一辆失控的电车向他们飞驰而来。你站在轨道上方的天桥上，旁边是一个胖子。将他推下铁轨，他会死，但电车会因此停下，能拯救5个人。[6]

是什么驱使你这么做？不是自私型利他主义，因为你一无所获（事实上，你还会面临损失：你可能会被指控过失杀人）。不是关心型利他主义，除非你是有效利他主义者，因为你与任何潜在的受害者都没有关系。个人道德原则可能会决定我们的特定反应：功利主义者可能会选择动手，而康德主义者可能不会。对于有效利他主义者、功利主义者和康德主义者来说，电车难题引发的道德问题符合目的性选择框架。只要关键时刻不放弃原则，就可以预测他们的行为。但对于其他类型的人来说，可能就没那么容易了。

电车难题是精心构造出来的，因此不存在帕累托有效解。如果只是受伤，那问题就很好解决，每个人都可以变得更好。假设你推的那个人因此而折断了胳膊，但避免了其他5个人折断胳膊，那好吧，就这么做吧，反正晚些时候可以补偿他。至少在原则上，其他5个人避免了受伤，可以将他们没有折断胳膊的部分收益交给他，让每个人都过得更好。但是，如果这个胖子是一个铅球运动员，即将参加奥运会，他胳膊折断的代价很可能超过了其他5个人胳膊折断的代价之和，那就不要动手了。然而，在实际的电车难题中，那个人不会因为阻挡电车得到补偿，而是会直接死亡。

我也不认为，诉诸"无知之幕"（veil of ignorance）[⊖]可以解决电车难题。如果我事先不知道自己会是那个胖子，还是轨道上5个人中的一个会是那个胖子，每个人就有1/6的概率是那个胖子，我当然会选择动手。但这并不能解决电车难题。事情早已经决定好了，谁是胖子，谁就是你必须要牺牲的人。

尽管我不能肯定地说，但最后，我可能不会动手。这取决于细节。和很多人一样，如果那个胖子是坏人，如果轨道上有

⊖ "无知之幕"出自约翰·罗尔斯的《正义论》，是指在人们商量给予一个社会或一个组织里的不同角色的成员正当对待时，最理想的方式是把大家聚集到一个幕布下，约定好每一个人都不知道自己在走出这个幕布后将在社会或组织里担任什么样的角色。——译者注

孩子，或者如果人数远远超过 5 个，那么我更有可能动手。但即使我可能不动手，我也不会要求别人也做出同样的选择。这是一种自为行为：没有任何道德原则能够充分证明，一条人命比 5 条人命更珍贵，同时也没有任何数字计算能够简化这个问题。

你要是选择动手，我也不会反对。我们只是存在分歧，而在这里，"分歧"这个词并不合适，因为我无法合理解释我的决定。从某种意义上说，我可能宁愿你去动手。对我来说，5 个抽象人物的生命比一个人的生命更重要。但是"宁愿"这个词也不是很正确，或者这样说：如果在你动手之后我才知道这件事，我想我会乐见其成。不过，我不会鼓励你这样做，否则就是在逼自己动手了。

安提帕特和第欧根尼会怎么看电车问题呢？他们可以谈上一整天，谈论道德规则和实际后果。在商人的选择上，他们可能会说服我二选一，但在电车难题上，他们几乎无法说服我相信会有一个正确的解决方案。

我的重点不是说教什么行为是对的，什么是错的，而是考虑当行为具有道德维度时，我们的行为是怎么样的。在某些情况下，我们会权衡道德原则：隐瞒信息不对，撒谎更糟糕。违反这些原则，商人会遭受不同程度的损失。与此同时，他也在追求利润。所有这些因素都影响了他的决定。他采取的是目的性行为，可想而知，当将来出现类似问题时，他应该会做出一致的合理反应。他可能有时披露事实，有时不披露事实，但这并不意味着他前后矛盾，毕竟不同情况下细节可能会有所不同。他也可能因冲动去帮助罗德斯岛人，这时自为因素就在影响他的决定。

在其他情况下，没有什么成本收益可以衡量，也没有什么个人利益需要考虑。很多原则有效，但相互冲突：杀死一个人是不道德的，而杀死 5 个人同样是不道德的。对我们大多数人来说，没有一个统一的系统可以参照，告诉我们哪一项原则应该优先于其他原则，因此这个问题从根本上说就是自为的。

三、生命的货币价值

面对电车难题，你可能会拒绝回答。你可以说："我不知道。这将取决于无数细节，而我自己也不太了解，所以作答没有把握。也许我有时会选择动手，有时又不会。采取的行为不可预测，而且是自为的。"

面对假设性问题，对个人来说，以上是一个完美的答案，但在公共政策领域，将不可避免地要去处理类似电车难题的现实问题。在资源有限时，我们应该救谁？我们应该花多少钱来救他们？如果代价是多一个人死于交通事故，我们是否应该提高限速，让 500 万人每个人减少 10 分钟的旅行时间？在这里，仅理性选择可以提供合理指导。

政府政策涉及方方面面，从军事到健康和安全等，直接关系到民众生死。尽管看起来冷酷无情，但这些决策的成本效益分析必然会将数字与生命联系起来。标准方法就是，估计一个人一生收入的预期现值，再加上她为家庭提供的服务（比如情感安慰）的货币价值。另外一种方法是从风险承担的角度，推断出他们对自己生命价值的估计。如果有一个安全设备可以将死亡风险降低 0.001%，有人为此最多愿意出 100 美元，那么他的生命价值约为 1000 万美元。

汽车安全法规就是通过以上类型的计算来制定的。政府引导企业去制造安全性能更好的汽车，但这只是在一定程度上。政府还通过类似的方式来确定限速。高速公路限速若降至每小时 20 英里（1 英里约 1.61 千米），将大大减少交通事故的死亡人数，但大多数人会反对把太多的时间浪费在车里。在提高限速时，交通部门必须权衡浪费时间的损失与额外生命的损失（预估价值）哪个更大。

我们可以用帕累托效率来解释这个问题。不管是对缓慢驾驶付出的代价，还是对自己生命的估值，人们的看法都各不相同。假设一个提案建议将限速提高到 70 英里／小时，而一些人不怎么赶时间，同时非常关心生命安危。原则上，我们可以向那些受益的人收税，然后补偿给这些谨慎的人，让每个人都变得更好。虽然很难确定政策的赢家和输家，而且转移支付也不太现实，但并不能因此说计算无效。

有观点坚持认为赋予人类生命以有限的货币价值，挑战了道德底线。这个观点站不住脚。相关人员必须慎重决策。没有人知道谁会死于交通事故，一些人将在未来因新政策而受害，但政策制定者不太可能切身感受到这些人的存在。因此，这使他们仍会进行抽象计算过程。也就是说，负责人员明面上拒绝赋予生命以价值，但她仍不可避免地这么做。

当一国国会或国家元首要宣战时，计算生命价值一事变得更加困难，特别是对于那些要派遣特定人员的军官来说，这无疑难上加难。要主动计算所认识之人的生命价值，他们可能心中五味杂陈。像亚历山大大帝（Alexander the Great）这样的将军亲自率领军队参战，可以缓解以上这种不安情绪，他们的行动传达出他们珍视士兵的生命，士兵的生命和他们自己的生命同等重要。

现代社会中不喜冒险的人们每天都在以各种方式暗暗地给自己、家人和陌生人的生命标价。如果问一个人，他愿意为孩子的生命付出多少钱，对此，他可能会拒绝回答，认为这样的计算不可能，这个问题不可想象。然而，给生命标价的交通部官员和拒绝为孩子生命标价的父母可以共存（事实上，他们可能是同一个人）。该采取行动时，父母也会盘算。当我的儿子内森（Nathan）还是个婴儿时，我选择了一辆更大、更安全的汽车。但我没有买装甲车，那样会更贵、更难找到地方停。

只要生活在这个世界上，就没有办法完全避免抽象计算。但是，计算的必要性并不意味着为了保持理性，就要回答诸如"你有多大概率会拿孩子的生命赌 1 美元？"之类的问题。首先，这个问题在精神上有辱人格。其次，即使你给出的概率答案是一万亿分之一，你又怎么能相信提问者不会作弊呢？毕竟，如果他赢了，他有可能杀了你的孩子。你误解规则或错误判断普遍规律的可能性，可能超过常规随机数生成器[⊖]生成不幸结果的可能性。

哲学家约翰·塞尔（John Searle）以一个悖论的形式提出了这个问题。一方面，他极力反对这种想法，即如果赔率足够高，他愿意以 25 美分赌上自己的生命。他认为赌注是荒谬的，无法想象一个接近 1 的概率。他说，即使可以，他也不会以任何赔率，拿自己的孩子的生命或人类的命运去赌 25 美分。[7]

另一方面，塞尔承认他愿意冒一些小的死亡风险来换取利益，有时甚至是金钱利益。例如，虽然待在家里更安全，但他会同意以 1000 美元的价格开车送人到旧金山机场。但是，如果他将这次旅途看作 4000 个等量的增量风险，那么他不就是在以 25 美分对应每个增量风险（总体风险的 1/4000）吗？[8]

在生活中，开车送人去机场是很自然的事情，我们对此很熟悉也很有信心。但是，我们对理论上的情景不太有信心。这个让我拿自己的生命去赌 25 美分的"杀人魔"是谁？如果我输了，他有意图和能力实施谋杀吗？我怎么知道规则和他描述的一样？也许这是一个诡计。我从来没有接触过提出这类问题的超自然生物，谁知道他们有什么秘密？我可能会以万亿分之一的概率拿我的生命赌 25 美分，但是我又如何解释"杀人魔"作

⊖ 随机数生成器是随机生成数字的工具，根据条件生成指定数量的随机数字。生成随机数的方法有很多，统称为随机数生成器。——译者注

弊的可能性呢?

开车送孩子去某个地方,或者允许她离开家,表明你愿意为了一些好处而忍受一定程度的风险。但幸运的是,你不是政策制定者,不用处理此类问题,不必为生命赋予抽象的价值。你可以拒绝回答这个问题,因为它把目的性(金钱)和自为(你孩子的生命)混为一谈,而这两件事是无法比较的。

第四部分

时　　间

Willful
HOW WE CHOOSE WHAT
WE DO

在"经济"生活中……人们机械地靠消费数量来获得满足，其重要性正如动机在竞技体育中所扮演的角色一样……当然，真正的问题在于这项活动具有双重特征：这是一场比赛，但其中最重要的实质性奖励、慰藉和生活本身都是赌注，同时它们与胜利、失败及其外表花哨的各种象征密不可分。

——富兰克·奈特（Frank Knight），
《原则在经济学和政治学中的作用》

改变主意

　　假设你买了一辆摩托车，花了很多钱。你骑着摩托车在城里转悠，发现这没有你想象得那么有趣。你把摩托车退回去，并以同样的价格购买了一辆小型汽车。但是你发现汽车很难找到地方停，便又开始想念摩托车。你又把汽车退回去，买回之前那辆摩托车，但很少骑。你可能会觉得自己有点傻，但只要你不经常这样做，也没什么好大惊小怪的。你对交通、安全和乐趣的偏好从未改变，你只是从经验中学到了一些东西。这是工作中的理性选择。

　　现在，假设一名中年男子买了一辆摩托车而不是一辆汽车，因为他怀念自己在太平洋海岸公路（Pacific Coast Highway）上骑行的快乐、幸福、无忧无虑的年轻时光。但摩托车不适合他现在的郊区生活方式。很快，他就把摩托车退回了经销商，然后买了一辆汽车。他的错误在于让情绪化的记忆，而不是理性的深思熟虑来指导他的决定。他的行动出自一种行为偏差，希望人们能从他的错误中吸取教训。

在上面两个例子中，他们两个在习得了一些东西后，最终都找到了适合自己的交通工具。但是，假设你知道自己想要的是什么，也明白如何满足愿望，那么，在你的世界里将没有惊喜，毕竟你用不着学习经验，就可以获得所有你需要的信息。你买了一辆新摩托车，而这就是你梦想的一切。你永远不会不想骑它。然而，你仍然需要做出艰难的决定。你的生活很忙碌，骑摩托车影响了工作，收入因而降低。你什么时候会沉迷一项新消遣，一般又是什么频率呢？随着时间的推移，即使你是一位见多识广的理性人，你是否仍有可能改变主意？

想象一下，一个"魔鬼"出现了，让你选择一个摩托车骑行方案，在未来的日子里都按此执行。"魔鬼"让你自己做选择，要求不管你选了什么，以后都必须照着做。你会考虑每一个可能的计划：每天工作固定时间，骑行固定时间；疯狂工作很久，然后一连骑行好几天；或者活在当下，今天骑行，明天努力工作。你给所有这些选项进行排序，然后选择最想要的那个。

在这种情况下，改变主意就意味着准备打破你制订好的计划。例如，"魔鬼"第一次出现时，你决定好了"今天娱乐、明天苦行"，这似乎是个好主意。但是，一旦明天到来，苦行似乎就不再是正确的选择了。如果"魔鬼"放过你，你又可以回到自由选择的处境。（在这个思想实验中，假设你在第一次做出选择时相信"魔鬼"。也就是说，你不是带着以后要讨价还价的想法来做选择的。）

这可以是理性的吗？即使没有新信息出现，理性人是否还有可能改变主意，抛弃他们与"魔鬼"约定的计划？这不仅是可能的，而且正如我们很快就会看到的，这是不可避免的。最终，即使是理性人也总是会改变他们的想法。

在现实世界中，没有什么魔鬼让你进行一次性选择。你星期一计划好星期二要做的事情，但到了星期二，原来的想法似乎不再是最好的了，这时你可以重新考虑一下。不管是决定骑多长时间摩托车，还是花多少钱，你都可以选择你现在想做的事情。过了现在，以后可以再做选择。如果以前的一个你突然凭空出现，对你指手画脚，说"我会做不同选择"，那也没有关系。那个你已经走了，你什么都不欠她。

毫无疑问，有时执法魔鬼会有所帮助。在没有执法魔鬼的情况下，你可能会寻求一种承诺手段，来迫使未来的自己服从今天的自己。对此，有个很有名的故事，来自荷马的《奥德赛》（*Odyssey*）。奥德修斯（Odysseus）想探一探海妖塞壬（Sirens）的歌声，但又怕受蛊惑跳下船。在船到达海妖塞壬出没的领域之前，他让水手们将他紧紧地绑在桅杆上，并吩咐他们用蜂蜡把耳朵塞住。

以上是英雄史诗中的故事。就我个人而言，我把闹钟放在床的另外一边，强迫自己起床。按照类似的逻辑，一个开车去参加聚会的人可能会将他的车钥匙交给一个滴酒不沾的邻居，让邻居开车送他回家，因为他预计自己稍后会喝得酩酊大醉，无法做出合理的决策。

我们不需要再过多地举以上这些例子了。偶尔需要借助承诺手段，并不意味着在日常生活中弥漫着高度的不稳定性。奥德修斯、定闹钟的人和参加派对的人都知道他们将在不久后经历一种非理性状态。奥德修斯会陷入海妖塞壬的魔咒，定闹钟的人会感到昏昏沉沉起不来，参加派对的人会喝醉。为暂时的、预期中的判断失误而做好准备是理性的。

在判断力下降时，只要采取相关措施让自己继续走在正轨上，那么对个人来说，改变主意（偏离此前与魔鬼约定的道路）就不是一个严重的问题。然而，对一些经济学家来说，他们要围绕储蓄、消费和投资方式进行建模，以上问题确实很重要。他们会对现实中的人感到失望，因为面对一些重要的优化问题，现实中的人不会也不能用当前的幸福来换取未来的幸福。

当我们偏离经济学模型时，沮丧的经济学家可能会得出结论：人类与时间的关系失调。他们可能不会想到，在理性选择的意义上，我们对如何用现在换取未来根本无所谓。我们总是改变计划，因此无法对不同路径进行连续一致的排序，除非我们以某种方式将未来的自己束缚在一条违背意愿的道路上，但是为什么要这样做？"选择"一条根本不会坚持的道路，这并不是真正的选择。

因此，我们需要以一种新的方式来思考跨期选择。在跨期选择上，我们没有真正的偏好，因此不能说这是目的性行为。我们不能说，每一时刻，我们都选出了最佳计划并加以执行。新古典经济学无法解释长期规划问题。我们认为自己是在有目的地做选择，但这种感觉往往是虚幻的。无论你是自称活在"当下"的嬉皮士或禅师，还是以延迟满足为荣的有钱守财奴，每一刻都必然只代表着这一刻。

一、跨时间选择存在矛盾

规划未来，决定什么时候做什么，是可以等同于消费决策的事情吗？也就是说，我们是否先在心里把所有可选项都排列起来，再选出最好的一个？就消费而言，计划今天、下周、下个月、明年的消费情况，意味着为当前幸福和预期未来幸福选择了一个最佳组合模式。大多数经济学家会说，是的，这就是我们所做的，许多普通人可能也表示同意。

让我们抽象考虑一下这个问题。就像租房一样，要将理性选择应用于跨期规划，我们必须：①选择一条路径，可以平衡好现在和未来；②一直心甘情愿地继续所选路径。问题是，①和②不能共存，因为未来的自己关心自己未来的程度，与现在我们关心自己未来的程度相同。不管我们用什么方式来定义这个问题，几乎最后都会产生矛盾。假设人们既享受消费，又想未来过得好，那么当想象的未来变成现在时，他们就会想要改变原来的计划。这不是在描述"意志薄弱"或人类心理。所有有意识的生命，甚至那些生活在遥远星球上的生命，都受制于同样的算术法，以一种不同于想象中未来的方式，体验着当下。我的目的不是用新的计算法来取代旧的，而是要证明没有一种计算方法会有作用。

为了精确论点，数学证明很有必要，但我们也可以遵循逻辑，无须求助于数学。要了解为什么跨期消费没有固定解，我们将考虑两种情况。在第一种情况下，人们向前展望两期或多期。这里的时期可以用任何单位来表示（天、周、月或年）。如果人们可以自由地改变主意，思考未来的自己如何考虑自己的未来，以此获得幸福，那么他们就不会坚持任何单一的计划。在第二种情况下，人们只展望一期。在这里，我们有可能得出一个符合理性选择的模型，推导出一致性计划，但前提是个人精神状态古怪、让人难以置信。

这两种情况都基于精简假设，即完全确定性和单一消费类型。如果在这些简单条件下，人们都无法做出理性选择，那么想一想，要是把技术进步、社会变化或关于寿命、健康、收入、利率的不确定性等现实因素都引入模型，情况会变得多么复杂。

由此得出结论，如果人们能够重新评估，那么目的性选择根本不适用于跨期规划。这并不是说人们不理性，这甚至并不是什么问题。有些东西就是不能硬塞进目的性选择框架中。当选项是指未来的不同路径时，"最喜欢"就失去了意义，故我们无法在现有不同计划中选出自己最喜欢的。

1. 展望多期

根据目的性选择，一切都是可量比的。也就是说，所有东西都可以转换成一种通用货币（例如，金钱、工作时间），然后进行比较和评估。在这一高度抽象的情况下，闲暇的价格就是当事人的工资，他通过少工作一小时来"购买"一小时的闲暇。他将每种情况都定义为一个优化问题，然后在约束条件下找到最大化效用的解决方案。由于每样东西都有价格，我们有理由将所有这些因素都汇总到效用中，称之为总"消费"，越多越好。

有一个人，他假定自己会坚持所设定好的任何计划，然后试着想办法在每个时间点上都使个人幸福感最大化，即每个时期从消费中获得的满足感加上预期未来获得的满足感。从今天的角度来看，这个问题应该有一个解决方案，即一定数量的消费应该是最优选择。但是，只要这个人对未来的展望不止一个时期，他就会想偏离之前制订的计划。[1]关于他会坚持计划不动摇的假设是站不住脚的。而且，作为一个理性人，他从一开始就知道自己不会自愿遵守计划，所以他的假设不正确，而且本来计划就不是什么计划。

更准确地说，考虑一下这样一个人，他既能从星期一的消费中获得快乐，又能从星期二、星期三及之后的幸福预期中获得快乐。星期一，他制订了消费计划。从星期一的有利视角出发，他可以预期星期二和星期三的消费情况，同时可以预期星期二又会从预期星期三中感受快乐。因为他计划在星期三消费，所以他在一周的前两天都感到很稳妥。

现在想象一下，一天过去了，星期二变成了今天。与星期二相比，星期三消费的吸引力肯定有所下降。凭直觉，他只能预测一次，故而不会那么重视星期三的消费，而星期二的消费比星期一看起来更重要了。为什么呢？因为在星期二，他不再是预期星期二的消费，而是可以实实在在地消费。从边际上来看，星期二的实际消费量，至少和星期一预期得一样令人满意。否则，就没有一个固定解了：他会一直自娱自乐，期待着消费狂欢，一旦时机成熟，他就会疯狂购买。由于以上这些估计数值的波动，到了星期二，这个人会将计划在星期三的部分消费转移到星期二来。

只要今天的计划着眼的未来不止一个时期，我们就会发现自己处于矛盾之中。任何当前看起来是最佳的计划，一旦未来变成了现在，看上去都不会是最佳的了。简而言之，我们无法在每个时期选择感觉最好的东西，包括对未来或好或坏的预期，不管怎么做都将不得不陷入困惑之中。[2]

2. 展望一期

当人们只展望一个时期，尽管基本假设毫无吸引力，但也有可能找到一个符合理性选择的解。为说明原因，我们假设在任何一个时刻上，幸福感都取决于某人当前消费的满足感，再加上所预期的下期幸福感除以系数 $1 + \rho$。在这种情况下，ρ 是一个心理常数，表示今天的满足感与明天的满足感之间的权衡。无论未来是奖励还是惩罚，如果我们更关心现在而不是未来，那么我们就会低估未来，ρ 是一个正数。相反，如果我们天生就更关心未来，那么 ρ 将是个负数，且大于 -1。

为了达成长期一致的结果，个人必须在现在，也就是在我们说的星期一做三件事。她必须牢牢记住，她对星期二、星期三及以后所期望的感受；由于她对星期三的关注完全受制于她对星期二的关注，所以她必须站在星期二的角度上想象自己的消费流将如何表现；她必须仔细清除脑海中对星期三的所有直接关注，之后选择自己喜欢的方案。也就是说，只是因为她关注星期二的自己，并且知道星期二的自己会关注星期三的消费，也只有通过这种方式，星期三的消费才进入了她的计划。[3]

关于如何规划未来，以上这些心理活动的描述可能过于奇怪了。接下来请进一步考虑，这三个要求必须适用且只适用于一期。如果一个计划适用于以天为单位的时期，那么它就不适用于以月为单位的时期。也就是说，星期一的自己关心星期二的自己，但并不直接关心星期三的自己，除非她知道星期三的幸福感将影响星期二的幸福感。不过，一月、二月和三月不属于这种情况。[4]

3. 也许还有另一种出路

假设你迫切想要找到一种方法，可以从理性选择的角度来理解时间。那么，这里还有一种方法可供采用，但你必须先做两个假设，并且仔细检查，而你不会喜欢这两个假设的。

第一个假设，当你考虑未来时，你必须只考虑消费，而不用考虑你对不同时期计划安排的感受。要使这种模式奏效，即使你在 4 月制订的消费计划包含了让你在 6 月挨饿，你也必须忽略你在 5 月会为此感到的焦虑。这是一个特殊的假设，特别是你已经通过推迟消费来表达了对未来的担忧。

第二个假设，你必须假设每个人天生偏好就一样，即以当前的满足来换取未来的满足，并且恰好可以用一个特定的数学公式来描述这种偏好。这是另一个特殊的假设，因为没有理由认为人性符合一个公式，这个公式还与理性选择兼容。[5]

经济学家试图将理性选择应用到规划中，却遇到了一个问题。她可以基于基本原则，从三个方向来构建一个时间一致的模型：①假设个体只有一次机会来计划他们的生活（经济学家观察他们的那一刻），并且有能力来完全实现个体被该计划约束，有动机强迫未来的自己去做那些未来的自己可能不愿意做的事情；②假设个体只能展望一期，并且自然时间尺度是单一的；③假设个体只关心现在和未来的消费，而不关心未来的感受，并且巧合地基于同一个数学公式对未来的满足感进行折现。

如果模型无法描述实际行为，经济学家会将其归咎于"双曲贴现"认知偏差。[6]这种所谓的偏差导致了"时间不一致"的偏好，这意味着我们无法制订一个计划，然后坚持下去。但是，"时间不一致"的偏好真的是偏好吗？偏好取决于排序能力，但在这里，我们不能对所有选项进行排序。事实上，在任何意义上，我们甚至都无法选择一条道路，因为我们无法承诺未来的自己会在这条道路上坚持下去。"时间不一致偏好"不是认知偏差的结果，而是一种矛盾修辞法，把互相矛盾的词组合在一起。

并不是说因为认识到人们不能在跨期消费上展现出真正的偏好，所以我们在理解人类状况上就出现了危机。没有这样的偏好，也不会给我们带来什么麻烦。在静态选择中，与时间不一致偏好类似的是"非传递性偏好"。这些情况就是真的很糟糕了。假设我在草莓冰淇淋和巧克力冰淇淋之间更喜欢草莓味，在巧克力冰淇淋和香草冰淇淋之间更喜欢巧克力味，同时在香草冰淇淋和草莓冰淇淋之间更喜欢香草味。那么，我可能会成为著名的"金钱泵（money pump）"⊖的受害者：一个聪明的人可以免费给我巧克力冰淇淋，收费让我换成草莓冰淇淋（我更喜欢草莓味），再次收费让我换成香草冰淇淋（我更喜欢香草味），然后再次收费让我换成巧克力冰淇淋。如果这真是我的喜好，那么他就会一直这样做，直到把我所有的钱都"泵"出来为止。然而，拥有"时间不一致偏好"，即想要放弃此前与执法"魔鬼"约定的计划，并不会导致以上相应的坏事发生。这是因为，执法"魔鬼"并不存在。

那么，结论是否在说，时间不一致的计划不存在，这句话

⊖　Money Pump，直译是"金钱泵"，意译即"这里钱好赚"，对一个偏好不满足传递性的人来说，可以通过交易方式把他的钱都"泵"出来。——译者注

只是在表达生活是一段旅程（经常出现在贺卡上的一种情绪表达）这样一种观点？也许是吧。但没有一张贺卡能解释为什么我们应该把生活看作一场旅程，而不是一系列有明确偏好的目的地。

二、自欺欺人

正如我们刚才讨论的那样，跨期规划不能与理性选择相适应。对那些把生活当作游戏的人来说，改变主意似乎是自然和不言而喻的事实。但对于其他人（比如我），可能很难接受这一观点。特别是，理性选择让我们学会等待，直到我们采取行动找出动机。如果我的妻子问我为什么没在回家路上去一趟超市，我可以列出为什么应该之后再去购物的一些理由。然后她可能会问："你当时真的考虑过这些原因吗？"我关注妻子的需求，这没什么大不了的。为了让我的故事站得住脚，让我觉得我说的是实话，我不需要声称或相信脑海中的某个解释。

最近，我每天都在学习一点日语，这是一个毫无意义的计划。当年在日本银行工作的时候，我整天听着日语，也不太会，而且可以说我基本上没有什么外语学习天赋。我这辈子都不需要日语。如果幸运的话，我一年会去日本出差一次，而在那里遇到的人都会说英语。事实上，有很多有趣的项目，不仅更容易习得，而且更贴近我的生活。

但如果被问为什么要学日语，我可以一口气说上好多个理由。例如，在我忘掉之前，花相对较少的时间来巩固所知道的一点日语是非常有效率的；对锻炼思维有好处等。（我不会说我觉得学习很愉快，对我而言，学习是一件苦差事。）只要行为在优化，理性选择理论并不要求行为者清楚行为是如何优化的。也许我缓慢又随意地学习日语确实是理性行为，但我怀疑不是。这感觉更像是，我为了挑战本身而接受了这个小小的挑战。

自然而然地，我们将动机归因于自身行为。心理学研究表明，在没有现成的解释时，人们会编造理由。有一项在一名"裂脑"患者身上进行的实验很有名，他的胼胝体（连接右脑半球和左脑半球的纤维束）已被切断以控制癫痫。一张写有"走（walk）"的卡片，以一种只有右脑半球接收的方式展示给患者。之后，他开始走路。当研究人员问他为什么要走路时，答案只能来自他的左脑（掌控语言）。左脑无法与右脑交流，所以左脑并不知道他在听从书面指令。这个人回答说："我想要一杯可乐。"研究人员确信，受试者真的相信他的解释。[7]

甚至在神经化学水平上，我们也可以观察到这个过程。神经学家本杰明·利贝特（Benjamin Libet）检测到了一种被他称为"准备电位（readiness potential）"的脑电波迸发。这种准备电位发生在受试者意识到其行动意图之前的 350～400 毫秒。[8]虽然对这项研究的解读存在争议，但它表明决定可能是无意识做出的，源于托马斯·内格尔（Thomas Nagel）所谓的："盲点……它隐藏了我们在行动中无法考虑的东西，因为它就是行动。"[9]

叔本华不会对这一发现感到惊讶。他曾经写道:"表面上看,人往前走是因为某种东西在前面拉着,而实际上,是因为某种东西在后面推着。"[10] 我不会说情况总是如此,也不会表明极端立场,即理性一定隶属于激情,关于行为动机,我们永远是在自欺欺人。就像理性选择假设的那样,理性和激情通常共同作用。但在其他时候,只是感觉如此。

贴现和重复计算

在继续讨论跨期行动的另一种自为解释之前,让我们先简单看一个例子。它说明了,下意识地以看待其他选择的方式看待跨期选择,是如何导致理解思维混淆的。

在人们了解营养知识之前,饮食就已经给了他们乐趣。现在,我们既重视吃的乐趣,又重视吃得有营养。这些好处可以叠加在一起。在决定吃什么时,我们会权衡两者的综合收益、开销和各种健康问题。例如,我正在用一个大锅给自己盛辣椒,我想拿多少就拿多少,免费。如果我不喜欢吃辣椒,但我饿了,我会吃一点。如果我不饿,但喜欢辣椒的味道,我也会吃一点。如果我饿了,又爱吃辣椒,我会比前两种情况下吃得更多。很简单,我们活着就是为了吃,吃饭就是为了活着。

不过,哲学家罗伯特·诺齐克(Robert Nozick)提出的关于跨期选择的类似问题就不那么简单了,他就人类贴现未来假设了一个进化论上的基础。在他的分析中,如果原始人类每年有 2% 的死亡概率，那么有些人可能享有生存优势，他们为未来储蓄（以自己的方式）时无意识地将贴现率定为 2% 左右。然后，他们会将这种注重现在的观念一代代传下去，从而让现代人也倾向于低估未来。[11]（别管这些社会生物学理论是否正确。我们在这里关注一个理论问题，这个问题是由于将现在与未来的权衡错误地归类为目的性选择而引起的。）由于我们选择的是现在导向的道路，例如选择今天拿到 101 个、明天拿到 99 个，而不是每天拿到 100 个，所以我们似乎是希望对未来进行贴现。

多亏了语言文字和保险精算表，我们现在可以有意识地，以我们祖先无法做到的方式来反思未来。如果我们有 98% 的可能性可以活到明年，就应该在其他条件不变的情况下，将预期消费降低 2%。（为了解决这个难题，假设现代人只关心自己有生之年的消费，而不用为后代或慈善机构留钱。）基于遗传下来的认知机制，我们已经折现了 2%。将固有的贴现率（类似于吃的乐趣）与生存计算（类似于食物营养价值）结合起来，将未来的贴现率定为 4%，这感觉是错误的。有人可能会说，在给定生存概率的情况下，采用 2% 的贴现率会最大化预期消费，同时满足我们的贴现要求。但是，重复计算 2% 的贴现率，让它同时满足两个不同的"动机"，这样做正确吗？

诺齐克承认，"情况很……复杂。"[12] 然而，面对一个饥饿的人，没有人会建议他必须先做对一个脑筋急转弯，才能知道该做什么。这个难题源于错误地将跨期选择看成一种可以与其他偏好叠加的偏好。饱腹和营养是我们效用函数的输入变量，而对未来的贴现则不是，它也不是什么可以与其他愿望做交换或相结合的愿望。

那么，最终这个谜题的答案是：不，不要将这两个因素加在一起。一个希望长寿的人可能会按照 2% 的贴现率节俭生活，但一旦他得知自己即将死去，可能就会放弃之前的计划，开始放飞自我、尽情享乐。

第九章

经济人与游戏人

几年前，我在中央公园和陌生人一起打了一场橄榄球比赛。两队势均力敌。在比赛进行中，双方都想赢。但他们为什么想赢？我又为什么想赢？我以前从来没有见过这些队友或对手，以后也不会再见到他们。赢了没有奖品，胜利的喜悦也不会持久。在那1小时里，我精力充沛、活力满满、一心想着赢下比赛。而比赛结束后不久，我就忘记了最后的比分。

根据理性选择，我应该愿意为换取胜利而做些交易。那么，为实现一次触地得分，我愿意付多少钱呢？事实上，即使没有人知情，即使付钱就可以确保胜利，我也不会考虑付钱。在那场比赛中的胜利，不能与其他东西做交换，没有意义。虽然不能用价格来衡量胜利，但这也不是什么超越金钱的无价之宝，不像我孩子的生命那般珍贵。本质上，这只是随意定的一个目标，只在过程进行时才有意义。关键不是要赢，而是要努力赢，迎接每一个新的挑战。对一名职业橄榄球运动员来说，获胜可能是有目的的，毕竟可以优化收入前景。但如果他也喜欢打球，而且在比赛过程中忘记了金钱，那么他就不仅仅是在优化个人福利了。

我知道，几乎所有事情都要付出代价，包括一场低风险橄榄球比赛的结果。如果一个戴着高顶礼帽的人故意打断比赛，给我100万美元让我输，而我又相信他不是在耍花招，我就会收下这笔钱。（当然，我也会以比这低得多的价格故意输掉比赛。）除了这100万美元，与这个奇怪的赞助人交往将是一场冒险，本身就是一种游戏。我想拿到钱并看看到底是怎么一回事。但通常不会出现这种提议，而且我感兴趣的是解释日常活动，所以这个思想实验并不能告诉我们太多内容。

这场在中央公园举行的橄榄球赛，不能将我对获胜的渴望硬塞进目的性选择框架中。正如我们在第八章中所看到的，即使给出了关于未来的完美信息，也没有任何合理的模型能推导出人们对不同时间路径的"偏好"。这场橄榄球比赛，反败为胜在某种意义上可能比轻松获胜更好，轻松获胜也总比失败好。但是，"更好"用在这里并不合适，因为我们无法给这些不同的路径进行排序。

在 20 世纪中叶经济学数学化之前，经济学家认识到人们不仅关心结果，也关心过程，这并不是什么激进的认识。[1]这种观点并不是我们现在所称的认知偏差的另一种说法。阿尔弗雷德·马歇尔（Alfred Marshall）在第二章中描述的制造商，与其说是为了增加财富，不如说是为了追求胜利，他并没有犯错误。[2]

托斯丹·凡勃伦（Thorstein Veblen）指出，"理性选择（或他所称的'边际效用理论'）没有给任何一种活动提供理论，而是专注于根据特定情况进行估值调整……尽管约翰·贝茨·克拉克（John Bates Clark）先生和他在这一研究领域的其他同事都使用了'动态'一词，但他们都没有对经济生活中的起源、增长、顺序、变化和过程等类似内容做出任何理论贡献"。[3]"起源、增长、顺序、变化和过程"都不是小事，它们是我们获得经验的基础。我们需要一个额外的理论来支持目的性选择，并解决生活中那些被目的性选择所忽略的方面。

约翰·赫伊津哈（Johan Huizinga）的游戏人（Homo ludens），即游戏或运动的人类，与经济人相反，体现了凯恩斯"有机而非原子"的时间观。[4]赫伊津哈将游戏定义为"一种自由活动……与物质利益无关……它按照固定的规则，有条不紊地在自己的时空界限内进行着。"[5]舞蹈也是一个很形象的比喻。赫伊津哈将动作描述为连续的流动，而不是一系列离散的时刻。游戏人不会遵循由偏好决定的计划，而是选择如何应对新情况，以及应对哪些挑战。这些选择和随之而来的努力都是自为的。

这种对跨期选择的描述与前景理论（Prospect Theory）[⊖]存在共同之处，而后者是行为经济学的一个重大成果。1979 年，丹尼尔·卡尼曼（Daniel Kahneman）和阿莫斯·特沃斯基 (Amos Tversky) 提出了这一心理学概念，以解释各种反常现象。例如，在面对小额损失而不是小额收益时，人们倾向于变得更加风险厌恶，或者为了挽回之前的损失而承担过度风险。根据前景理论，一个人在不确定的情况下面临选择，首先要计算一个基本情况的结果或参考点，然后将每个结果描述为相对于该参考点的收益或损失。就像在自为选择中一样，在前景理论中，无论情况如何、概率多大，现状都是决策的锚定点，决策者以此为基础向前推进。

然而，由于前景理论假设选择完全由偏好决定，它不能就个体如何进行跨期选择提供一个动态解释。它也不允许出现不可预测的行为。在自为框架中，选择涉及意志，因此观察者无法准确预测人们将接受哪些挑战。

一、自为行动与自由选择

在某些时候，我们必须停止算计，并采取行动。凯恩斯将这种"自发的行动冲动"归因于"动物精神（animal spirits）"。[6] 他所指的远不止"非理性繁荣"。相反，他指的是意志的行使，

⊖ 前景理论是决策论的期望理论之一。该理论认为个人基于参考点的不同，会有不同的风险态度。——译者注

这是所有行动的核心。[7] 理性选择经济学不认可这样的精神：选择会在一个并非个人创造的世界中自动发生。个人只会遇到结果。但这些事情在自为理论中是家常便饭，根据自为理论，选择的行为，以及在选择之前克服普遍不确定性状态的过程是很重要的，而结果往往没有我们想象得那么重要。

这并不是说，在目的性领域，如何做出选择的过程和方式一点都不重要。在为自身利益服务时，这可以重要。在西部电影《原野奇侠》（Shane）中，乔·斯塔雷特（Joe Starrett）试图将肖恩（Shane）赶出他的土地。肖恩说他会在斯塔雷特放下枪后离开。斯塔雷特问，反正要走，放下枪又有什么不同。肖恩回答说："我希望这是我自己的主意。"肖恩是个硬汉，他在乎的是如何离开。他更希望证明自己不是被人摆布。温顺有礼的人也会关心自己如何做出选择。在阿马蒂亚·森（Amartya Sen）的例子里，你在花园派对中想坐上最舒适的椅子，但又不想成为"抢椅子的人"。[8] 只有在主人坚持让你坐时，你才会坐在那里。你希望这不是你的主意。

这些经过深思熟虑的选择与真实的意志行为形成了鲜明的对比。真正的意志行为是自由的，不管是先前存在的偏好还是权威压迫，都无法支配意志。当然，自由并不是绝对的，我们总是面临不同的规则和约束。如果不严格遵守规则，国际象棋并不好玩，但对于一场友谊第一的棒球比赛来说，根据比赛条件和参与人数来调整规则的余地很大。[9]

同样，消费者的行为也受到限制，但他们仍然希望自己做决定，不受强迫。一个优秀的销售员不会对消费者逼得太紧，不会试图剥夺消费者自己做选择的体验过程。也许这就是为什么，广告通常不把重点放在宣传产品的无懈可击上。在广告里，歌手站在山顶上高唱"我想给世界买一瓶可乐"，这可比清晰明确的产品信息展示（例如，消费者在口味测试中更喜欢可乐，可以把可乐倒在玻璃杯中并加一勺冰淇淋，等等）达到的销售效果好得多。没有人想要情况一目了然：那将无法给意志行使留下空间。所以，卖家提醒消费者产品的存在，然后让他们的理性成为他们激情的"奴隶"。"软推销"可以让潜在买家连点成线、融会贯通。这同样适用于其他领域。在电影中，或许也在现实生活中，人们不喜欢那些看起来太完美的浪漫对象。软推销的极端是反推销，在这种情况下，推销一方积极劝阻消费者。在这方面，伯纳德·麦道夫（Bernie Madoff）是玩弄这种"暗黑艺术"[⊖]的著名大师。

父母试图找到一个中间地带，让孩子们既可以自由地选择挑战，又避免了犯错。我女儿爱丽丝（Alice）在大学毕业拿到考古学和人类学学位后，问我选择哪个职业最好。她需要在非营利组织工作，才能成为一个好人吗？后面这个问题相对简单。

　⊖　伯纳德·麦道夫曾是纳斯达克主席，美国历史上最大的诈骗案制造者，其操作的"庞氏骗局"诈骗金额超过 600 亿美元。他向私人客户保证稳定的 15% 的平均年复率回报，背后则是拿新投资者的钱支付给之前的投资者。就当所有人都好奇他的成功秘诀时，他对此三缄其口。如果对方向他施压，他会直言这是一种自营策略，具体细节不便讨论。他说这是一个具有保密性和专属性的私募基金，与其他任何人都没有关系，这会导致客户很享受这种独一无二的感觉。——译者注

我和她说了关于屠夫、酿酒师和面包师的事。正如亚当·斯密在关于经济学最著名的一段话中所说，"我们期待的晚餐并非来自屠夫、酿酒师或是面包师的恩惠，而是来自他们对自身利益的特别关注"。[10] 如果她想在私营部门工作，那就是她应该做的。

但我也意识到，超越以上这个范围而去讨论哪个职业是最好的，是有风险的。如果爱丽丝为了取悦我而做选择，那么结果会很糟糕，她可能反感我的干涉。此外，若她跟随心意独立做决定，则她更有可能出类拔萃。这两个原因都可以理解为目的性，只要我置身事外，我就可以避免伤害我们的父女关系，实际上还帮助爱丽丝取得了更好的职业前景，而且还有更多好处。将选择行为置于结果之下是错误的。选择是个人的，如果挑战是真实的，那么她就必须自己做出选择。

自为选择必须自由，但这并不是说随机选择挑战，或者自为选择完全在理性之外运作。在之前提到的橄榄球赛中，我不断地在做选择，尝试着以最有效的方式去克服比赛障碍。橄榄球赛是自为的，但我为追求胜利采用的那些策略是理性的。

无论挑战重要还是微不足道，对于自为行动来说，能够自由而积极地做选择至关重要。这与目的性领域形成鲜明对比。在目的性领域，选择就像消化反射，只有当它出现故障时，才会被注意到。正如以下所提到的两大难题，对选择的有限认识，导致选择背负包袱，这并不公平，也造成了选择悖论和认知偏差的错误印象。

二、两个难题

首先，正如巴里·施瓦茨（Barry Schwartz）在《选择的悖论》一书中所说，选择太多会让消费者感到不安。

外出就餐就可能是一个选择的"雷区"。在美国，有一项调查针对网上公布的 830 份菜单，发现每家餐厅平均提供 114 道菜品。菜单品种丰富不是什么新鲜事（1899 年，曼哈顿的德尔莫尼科餐厅（Delmonico）仅蔬菜就有 35 道菜品），但这有时被批评为现代生活的诅咒，是自由市场的病症。[11]

但是，如果普通消费者不喜欢品种过多，为什么还会存在这样的多样性呢？利润动机就应该消除这种现象，市场在成本限制下有充分动机来满足我们的需求。消费者吃不消冗长的菜单，就应该愿意为更简单的就餐体验付费。如此一来，餐馆老板可以通过限制选项来赚取高于市场的利润。菜单上有六种菜品就应该能够满足顾客的胃口和食物需求量了。缩减菜单的话，餐厅既可以降低成本，又可以增加营业额，进而提高食物新鲜度。但这肯定不是普通消费者的要求。也许顾客愿意牺牲价格和质量，从而接受目不暇接的菜品，锻炼个人的选择能力。选择是享受美食的关键，而不是麻烦。

在大型药店，消费选择极为丰富，一些人抱怨连牙膏都有100 个品牌，好难选择。但也许，有些消费者实际上就喜欢面对眼花缭乱的选择，抱怨更多地是为了维持个人的理性形象。即使在盲品测试中，没人能分辨出不同牙膏的差别，但如果一家商店只提供一种品牌的牙膏，那么对很多人来说这都是一件不得了的大事。如果一家商店未能提供足够多的选择，他们就会在其他地方购物。

这些研究"证明"了人们不喜欢太多选择，但那又怎么样呢？在一项研究中，研究助理在杂货店设置了两种类型的试吃摊位。在第一个摊位上，邀请顾客品尝 6 种果酱；而在第二个摊位上，邀请顾客品尝 24 种果酱。选择较少的顾客更有可能购买一罐果酱。[12] 但是，不喜欢果酱选择过多，并不一定意味着人们不喜欢选择。只是相对于手头的事情，他们不想面对太多选择，或是浪费太多时间。毕竟，这只是果酱。无论如何，这个实验并没有告诉我们现实世界是什么样的。在现实世界中，商家会努力学会只提供消费者想要数量的选择。

我相信，追求利润最大化的商家知道他们在做什么，而不是凭直觉认为消费者就喜欢品种少。虽然选择会有焦虑，但显然消费者希望体验这种焦虑，并在做出选择后释放这种焦虑。是不是只有好运降临到主角身上的电影，我们才喜欢？当然不是。享受紧张刺激的戏剧情节，并不比选择的悖论来得更自相矛盾。

第二个难题叫作"分离效应"。它是指人们在确定动机之后才采取行动，即使在此之前，所有可能的动机都已证明以上行动是正当的。它被认为是一种对理性的偏离。

"分离效应"由阿莫斯·特沃斯基（Amos Tversky）和埃尔德·沙菲尔（EldarShafir）提出。他们做了一个实验：让本科生想象他们刚刚参加了一场艰难的资格考试。第二天（寒假之前），他们就可以知道自己是不是通过了考试。今天，他们可以以极低的价格买到夏威夷 5 日游的票，但如果选择在知道考试成绩后的两天内购买 5 日游的票，则需支付一小笔不可退还的费用，或者干脆放弃这个机会。

一个学生可能出于两种截然不同的动机决定来购买旅游票。如果她通过了考试，她可能会想去夏威夷庆祝一下。如果她没通过考试，她可能也想去夏威夷来安慰一下自己。

在 66 名学生中，32% 的人表示他们会购买，7% 的人表示不会购买，61% 的人支付费用等待结果。在第二个实验中，学生被问及如果通过了考试，他们是否会购买 5 日游的票；如果未通过考试，又是否会购买。无论考试结果如何，2/3 的学生都做出了相同的决定。[13]

在理性选择下，学生只关心旅游项目本身的成本和收益。在第一个实验中，有太多人选择花钱等待，来明确自己的动机。他们为不需要的信息付费，毕竟考试通过与否，选择都一样。他们的行为不合理吗？如果我们承认选择本身很重要，那么行为就是合理的。学生们希望能够自己选择到底是庆祝还是安慰。

虽然付费等待在某种意义上是在浪费钱，但我很理解学生们的这种分离效应。换成我，可能也会这样做。选择庆祝，还是调整心态，本质上并不相同。通过了考试，我就自由地庆祝；没通过，我也自由地去夏威夷调整心态，准备东山再起。选择的行为可能与结果一样重要。

如果能做一个不那么情绪化的实验，让学生接受一种更普遍的不确定性，那么情况将会更有趣。例如，他们的选项和上面一样，但事情不同，他们要等第二天才知道家庭团聚是否在夏威夷举行。他们等待的不是考试成绩，而是由亲戚安排他们的日程。我敢打赌，不管是以什么方式，是一起去夏威夷参加家庭聚会，还是自己独自前去，都不会有学生愿意付钱推迟做决定。

三、创造有意义的挑战

抓住一个目标并赋予其意义是一门艺术，不要认为克服今天看似关键的挑战从长远来看不重要。我们让其他挑战在背后慢慢酝酿，在需要时做好准备。如果这些挑战都不紧迫（或诱人），就分配时间处理当前任务。我们开始达成目标时，这当然很好。但我们很快就会发现，我们真正想要的是接下来会发生的事情。在理想情况下，我们会过渡到下一个目标，而不会感觉自己像马一样，一直追逐着挂在"鼻头"的胡萝卜。只要挑战符合一定的标准，我们就可以继续追逐。

1. 挑战必须（或感觉）是真实的

在自为框架下，人们有意识或无意识地选择挑战，并努力克服挑战。障碍可能是身体上的，也可能是精神上的；可能艰巨，也可能相对容易。无论其具体特征如何，挑战必须真实地出现，人们才会愿意参与。为了感觉真实，障碍必须在我们生活中有一个自然的意义。他们不能感觉障碍完全是捏造出来的，或是外界强加的。

当真正的障碍很少时，我们有时会将生活游戏化，让生活变得更有意义，而100%的真实性就不再是固定标准。在这些时候，我们增加难度，对抗乏味。

拖延是一种增加风险的简便方法。对那些不拖延的人来说，拖延似乎是一种性格缺陷。从理性选择的角度来看，拖延不应该存在。如果人们不断地重新评估自己的活动，最大化消费满足感，那么就不会出现拖延。我们会列出所有的任务，并在最佳时间执行每一项任务。那么，我们不会把医疗保健拖到疾病发作的时候，因为理性会告诉我们要坚持常规检查。我的学生不会在考试前一天晚上熬夜复习，我也不会熬夜出题。

然而，我们几乎所有人，至少偶尔，都会等到最后1分钟，那时对不采取行动的惩罚会更重。但将一项任务推迟到最后期限是令人兴奋的：我们要让任务的趣味上升到一个值得玩的游戏水平，我们需要感受那种刺激。

我不是在说，拖延是在利用"良性压力"的神秘力量，如果拖延者等待的时间足够长，这种力量就会出现在他身上。无聊的工作在时间压力下更有吸引力，而不管这种压力是否会产生更好的结果。如果我们觉得推迟的真正动机很做作，那么就会给自己讲个故事。我们要么编造一个理由，说活动必须推迟到最后 1 分钟，要么耸耸肩，承认自己性格存在缺陷导致慢性拖延。

你也可以这样解释拖延症："哦，好吧，我只是非常注重当下；我对未来大打折扣。"这也是一种错觉。一名学生可能会推迟一周写论文，在某种意义上提高了 20% 的成本，但拒绝以每周 20% 的利率借钱。这名学生只对特定任务是"以现在为导向的"，而这就是她解释自己拖延的另一种说法。

拖延带来的挑战并不完全真实。我们选择让时间压力产生，但又因为时间压力是自然发生的，所以可能不会让我们觉得完全虚构。在没有真正障碍的情况下，我们构建了临时的挑战，并努力给它们披上真实的外衣。

在某些情况下，群体会一起行动来加强这种人为的真实感。近年来，为慈善事业进行长途步行已成为一种流行。为什么步行者不把这段时间用来工作或从事一些更愉快的消遣呢？他们可以把收入的一半或额外休闲价值的一半拿出来，这样每个人都能获益。但显然，参与者喜欢将步行马拉松与他们支持的事业联系起来。虽然对一些人来说，步行马拉松可能显得矫揉造作、毫无用处，但对另一些人来说，步行马拉松让身体上的辛苦、疲劳有了意义。这种对真实身体挑战的渴望在现代生活中，对多数人是不存在的，但可以解释锻炼、运动、办公室通宵工作、政治竞选、军训和大量工作旅行等出现的极端情况。

企业可能故意让消费者的体验变得更困难。"他们为什么不直接提高价格呢？"经济学家在热门餐厅和体育赛事上排长队时问道。餐厅老板本可以通过提高价格来减少排队，但他们更可能会用利润最大化以外的动机来（例如，公平定价）强化排队等候的真实性。无论老板的动机是什么，对消费者来说，努力争取也是产品及其吸引力的一部分。

2. 玩家必须留在游戏中

假设你突然意外收到一大笔钱。你会小心翼翼地把钱全部存起来吗？或者你会把谨慎抛诸脑后，大肆挥霍吗？依据理性选择预测，人们会把大部分意外之财存起来，并将其收益分摊到一生中。他们将永久性地提高生活水平，因此有了"永久收入假说"。然而，很少有人在获得一次性收入后，把这笔钱花在提供稳定收入流的年金上。这表明，很少有人真的想在余生通过消费和休闲来获得稳定的满足感，否则未来都没什么挑战了。最好存一些，花一些，给将来留些成长空间。现在花钱消费可能看起来是缺乏耐心的表现，但在某种意义上却恰恰相反：今天的过度谨慎会破坏明天的乐趣。[14]

同样，许多人在富了之后，会继续承担金融风险和商业风险，即使这些风险有可能让他们再次返贫。他们如果成功应对风险，就克服了挑战。如果没有，他们就创造了一个重建资产的新机会。

为了避免过早到达终点，我们可能会以牺牲正式目标为代价来延长挑战。在一场比赛中，处于绝对优势的拳击手可能为了享受胜利，不会直接干掉对手。《计量经济学》(*Econometrica*)杂志曾报道过一项实验，记录了一个玩家为了留在游戏中而牺牲奖金的普通案例。受试者在实验室里玩电脑游戏，选择某种策略，并观察自己赢得的钱增加或减少。如果他们的钱低于一个阈值，就会破产，收益也将清零。受试者最终选择的是让他们在游戏中存活，但降低预期收益的策略。作者将此解释为"对生存根深蒂固（通常是可靠的）的摸索，导致受试者将生存与最优性联系起来"的证据。在此基础上，他推测在现实世界里，如果企业管理人有"生存偏见"，开展业务时就会过于保守。[15] 也许吧。但我可以想象，自己的行为就像这些受试者一样，特别是因为他们不能提前离开实验室，而且赌注的金额只有几美元。要是我被淘汰，还得继续观看比赛，那太无聊了，还不如放弃一些奖金，继续留在游戏中。

在《亚历山大传》(*Life of Alexander*) 中，普鲁塔克（Plutarch）描述了亚历山大大帝正在努力应对的一个难题：

> 每当他听说菲利普（腓力二世，马其顿国王）占领了什么重要的城镇，或者赢得了什么重大胜利时，他非但不为此欢欣鼓舞，反而对同伴们说，他的父亲预料到一切，不给他和同伴留下做出伟大和卓越的成就的机会。他更注重行动和荣耀，而不是享乐或财富，所以他把他从父亲那里得到的一切看作对他未来成就的削弱和阻碍。他宁愿继承一个卷入纷争和战争的王国，让自己有机会锻炼勇气和收获荣誉，而不是一个已经繁荣和稳

定的国家，那样他继承的遗产将是一份没有生气的生活，仅仅享受财富和奢华。[16]

亚历山大很高兴继承王位，原则上他不反对不劳而获的特权，但他不愿意继承一个安定的王国，这会使他失去挑战的机会。

3. 结果必须是不确定的

如果成功可以打包票，挑战就不可能是真实的，你必须全力应对无法预见或控制的因素。我们所记得的成功都是千钧一发的侥幸。（我不敢称这些成功为"最好的"，因为这意味着比较和排名，而这不属于自为领域。）2016 年 6 月，当英国投票决定退出欧盟时，我就应对了这样一个挑战。

在英国退出欧盟公投前夕，虽然不能确定"脱欧派"会获胜，但我有一种不祥的预感。所有声称提前预见这一切的人，都是在自欺欺人。客观地说，英国退出欧盟的投票结果令人震惊。我们的对冲基金很大程度上依赖于投票结果，而且程度超出了预期。就在我们指望投资者履行提供资金的承诺时，英国退出欧盟的冲击可能会让市场陷入混乱。如果投资者的反应是冻结资金，那么我们将无法支付之前承诺好的交易。

有三笔交易都是计划在 2016 年 6 月 30 日至 7 月 5 日之间结算的，这种时间上的集中很不寻常。我们已与意大利的两家银行和德国的一家银行达成协议，在结构化交易上共投资

5.5 亿欧元，将风险转移到我们的基金上，并提高银行资本充足率。资金结算集中在 6 月 30 日左右，这些银行需要在季度财务报表中反映这些投资的情况。

我们的基金不是那种钱多得没处花等着我们把它投入使用的机构。相反，当我们准备好时，我们会一点一点地从投资者那里筹集资金。即使他们做出了具有法律约束力的承诺，我们也不会强迫他们做他们不想做的事情。我们咬紧牙关说："好吧，我们想让你满意。"我们不会逼得太紧，也不会争辩说："我们指望这笔钱。银行指望这笔钱。如果你退出，就会危及我们的生意和未来。"我们的投资者并不希望承担这样的压力。

6 月 23 日投票当晚，我试图安慰自己，所有迹象都表明"留欧派"将获胜，出资请求不会有问题。民意调查结果是有利的，英镑也大幅反弹。"脱欧派"领导人奈杰尔·法拉吉（Nigel Farage）甚至承认失败。尽管如此，我还是睡不着。伦敦凌晨 1 点左右，投票结果开始显示"脱欧派"获胜。

投票后的第二天早上，我绕着海德公园和肯辛顿花园慢跑。通常情况下，我觉得慢跑非常痛苦，我会倒数时间直到折磨结束。那天，我甚至没有注意到这种痛苦。迫在眉睫的恐惧淹没了我的痛苦。

金融领域和许多其他领域一样，你有时会做出可能无法兑现的承诺。如果你依赖别人，他们可能会让你失望，还让你不得不把失望传递给其他人。你可以施加压力。你可以采取规避措施。最终，你用尽了各种手段，但除了向那些依赖你的人道歉之外，别无他法。

然而，道歉并不能避免名誉受损。如果我们与某家银行有一笔失败交易，那么该银行董事会将不会再对我们做出承诺。消息会传到其他银行。在这种情况下，我们可以把责任归咎于英国退出欧盟的冲击，但声誉污点仍将长期存在。

后来，在那个星期五一早，我就和我的商业伙伴在我们伦敦办公室一个半隐秘的房间里进行了一次深入讨论。如果投资者退出，那么在这么短的时间内，我们还能到哪里去找更多的资金呢？如果找不到，该与哪家银行"死磕"呢？依赖我们的三家银行中，哪家受影响最大？在没有新获得监管许可的情况下，我们能否缩小交易规模？如果我们不能履行承诺，原本可以选择其他投资人的哪家银行会因此感到后悔呢？我们的人际关系是否足够牢固，足以经受如此严重的失败？如果我们延迟结算，是提前通知银行好呢，还是不通知银行事后请求原谅好呢？如果我们推迟几天，银行还能像季度末结算时那样处理这笔交易吗？

我和我的合伙人一起经历了1997—1998年的亚洲金融危机、雷曼危机，以及期间的许多场危机。我们了解自己，也了解彼此。我们制订了一个计划，把所有变数都考虑在内，然后开始工作。在确认一些投资者想退出后，我们共同决定到底向哪些人请求更多的资金，以及该对他们说些什么。同时，我们就这三笔交易请求延期的后果进行了探讨。

我们的计划奏效了。我们说服了一位准备退出的投资者改变主意，并说服另一位大投资人来弥补剩余的资金缺口。（一些投资者会在紧要关头伸出援手，但最好不要有太多的紧要关头。）最终，所有这三笔银行交易都按时交割，不差一欧元。刚开始我们的运气不太好，不过后来，又有了足够的好运气，使我们勉强过关。我们知道，障碍并不总能被克服，危机也不总能愉快地了结。我们对一起经历过来的投资者表示感谢，为灾难得以避免而感到欣慰。对我们彼此之间的情谊，以及与依赖我们的投资者、银行的合作，我们感到很满意。

我无法从目的性选择的角度来解释这些感受和我们的脱欧冒险。我承认，在对冲基金工作（就像在其他许多公司一样），焦虑和常见的出冷汗都不可避免，但如果让我在选项菜单上主动选择这项挑战，那是绝对不可能的。但现在一切都结束了，我意识到我完全沉浸在行动中，而且这比我当时可能做的任何事情都更令人满意。

我们因英国退出欧盟而被动陷入困境，困境的严重程度与克服困境带来的兴奋感是相伴而生的。面对高风险状况，我们会感觉工作有意义，但这并不是创造这种感觉的唯一方法。如果是的话，我们都将成为急诊室医生或消防员。因此，工作必须以其他方式提供一种意义。

四、我们为什么工作?

难道工作真的是一种负担,而退休是最终的回报,越快退休越好吗?大量证据表明,我们并不像想象或假装得那样急于放弃工作。想想当前处于保护主义状态的全球市场吧。这是否是因为大家普遍都没有领会大卫·李嘉图的故事?他在 200 年前讲述了有关葡萄牙酿酒商和英国布料制造商的故事。在故事里,这两个国家都从贸易中受益了。当然,英国的葡萄酒商和葡萄牙的纺织商可能不会从中受益,但贸易的收益应该足以补偿输家,从而使每个人都过得更好。[17]

在美国,制造业工作岗位流失,当地工人无法对李嘉图的解决方案感到满意。这些工人不是为了再分配,而是为了重新工作。

面对新的服务工作或根本没有工作的事实,工人心生不满,而即使假设工人在重视物质满足的同时看重自尊和挑战,我们也不能完全用理性选择来解释这种不满。为什么呢?假设失业的工厂工人得到的政府补贴与他们以前的工资相等。如果工人们理性,并且仍对现状不满,他们应该自愿去做另一份工作,不拿工资。这样他们就能恢复到以前的工作时间和工资水平。想必他们更喜欢这样。但他们不太可能选择去工厂做志愿者。

一些失业工人不顾政府在服务行业的再培训项目,不顾弥补工资损失的政府补贴,一心想着重回工作岗位。对此,自为理论给出了一个简单的解释。工人希望像过去一样工作,在工厂中克服挑战，养家糊口。他们想要制造出社会需要的重要物品，想要以此为荣。工作不仅是达到目的的手段，而且构成了工人身份的一部分。

在这种解释下，反对自由贸易的"声音"有其合理之处。诸如"偷工作"之类的指控，让谎言更有说服力。工人们兴高采烈地为贸易壁垒辩护，而且如果之前有关比较优势的讲座都无人应和，再来一场也不太可能成功。正如弗兰克·奈特（Frank Knight）所问："为什么经济学家令自己如此荒谬可鄙，'教'公众一些眼见之实，而不是公众愿意学或不愿意学的那些不懂之事？"[18]

自为理论将跨期行动看成一个动态的、不平衡的过程，这可以帮助我们理解劳动力供应，而这是目的性模型无法做到的。例如，根据目的性选择，暂时的工资增长会让人们用工作替代休假：休闲变得更昂贵，人们就会减少休闲。但永久性的工资上涨则会带来"财富效应"，部分抵消"替代效应"的影响。工资更高，因此工人愿意提供更多劳动；在高工资情况下，工人更富有，因此更少劳动。按照这种观点，在工资足够高的情况下，面对进一步加薪，工人会减少劳动。当这种情况发生时，经济学家会说劳动力供给曲线是"向后弯曲"的。正如目的性模型所预测的那样，自1900年以来，美国工厂每周的工作时间已经缩短了1/3。尽管如此，在某些固定工资高的领域（如投资银行和医药），长时间工作仍然很常见。为什么呢？根据自为理论，高工资工作通常使得从业者更敬业。因此，一直以来，这些领域中高收入人群的工作时间保持相对不变。

工资降了怎么办？在经济衰退期间，美国和其他经济合作与发展组织（OECD）国家的劳动力数量超过了理性选择模型预测。即使把失业救济金的影响考虑在内，这也是成立的。[19] 但是，如果低工资工作的参与度较低，那么一些处于边缘地位的工人就会退出劳动力大军，转而寻找自己喜欢的工作，这种现象不足为奇。

五、重新定义良性经济

先不说经济是如何运作的，它应该如何运作呢？认识到工作在精神满足上的重要性，可以帮助我们重新思考什么是良性，它应该如何为公民服务，以及哪些政策可以促进实现良性经济（the good economy）。目的性选择理论主导着有关经济问题的政策决策，在此框架内，如果可以生产丰富的商品、提供充足的休闲，并且商品和休闲的分配没有太多不平等，那么就认为如此运行的经济是令人满意的。

在得出合乎逻辑的结论之前，用目的性选择模型来解释良性经济听起来没问题。如果工作的目的就是消费和休闲，那么最好的经济应该根本不需要人们工作，计算机和机器人提供了人们想要的一切。1930 年，凯恩斯曾有个著名的预测，即到 2030 年，技术进步将主要接管满足绝对需求（如食物和住所）

所需的工作。因此，工作每日将减少到 3 个小时。凯恩斯确实承认，工作还有第二个作用，那就是让有成就的人觉得自己优于别人。但他认为，在 100 年内，人们会找到不那么可鄙的方式来确立自身的优越地位。[20]

凯恩斯的预测到 2030 年不太可能成真（85 年后，他的一个侄孙说自己每天工作 15 小时，"从早餐到晚上睡觉"）。但他还估计，在 100 年内，大多数发达国家的实际收入将增长 8 倍。[21] 但并不是每个人的绝对需求都得到了满足，类似手机和有机食品这样的新需求也出现了。此外，人们仍然渴望各种形式的竞争，特别是为了工作。

从自为的角度来看，一个由技术来满足我们所有物质需求的世界将不是天堂，而是反乌托邦。良性经济会带来充满挑战的工作，以及发现自我和解决问题的机会。我的目的不是说服他人。我既不期望也不希望我的员工会在周一早上大声宣告："感谢上帝，今天是星期一！现在我可以开始工作了，和同事们一起应对挑战。"相反，我认为每一份工作都具有可衡量的特征（工资、福利、工时、工作场所安全等），以及不可衡量的特征。而这种不可衡量的特征是自为的。

在度过了 50 年杰出的职业生涯后，埃德蒙·费尔普斯（Edmund Phelps）拿着一张白纸坐了下来，研究出了一种经济如何才能最吸引劳动力参与的方法。答案就在他的《大繁荣》（*Mass Flourishing*）一书中，他在该书中提出了一种特定类型的现代资本主义。这种经济是"充满活力的"。企业家和劳动者不断试验新想法，创新在基层扎根。繁荣不仅体现在消费方面，还因为"良性经济带来了生活的活力"。[22]

费尔普斯指出，这种活力并非来自基础科学的突破、物质资本或人力资本（教育和培训）的积累，也不是仰仗商业天才（像比尔·盖茨）的出现。如果有科学就够了，那么在古代，各个地方的经济发展都会充满活力。例如，希腊人在科学上的成就璀璨惊人，但他们在商业或商业创新方面几乎没有取得什么成绩。他们不仅知道地球是圆的，而且在公元前240年左右，埃拉托色尼（Eratosthenes）还测算出地球圆周长大约为4万千米。他们了解月食和日食的形成原因，并准确预测到其发生时间。阿那克西曼德（Anaximander）比亚里士多德早出生200年，他推测生命最初是在水中形成的。古罗马人推测疾病是由看不见的小动物引起的，而只要他们继续深挖下去，这个想法本可以让中世纪变得更美好。[23] 但不幸的是，这些科学认识的大部分内容都从未走进过"车间"。[24]

在研究了商业活动何时繁荣、何时不繁荣之后，费尔普斯在《大繁荣》一书中得出了这样的结论：价值观起着核心作用（虽然对于经济学家来说，这种看法过于大胆了）。价值观决定了人们（无论是虚张声势的企业家，还是老牌企业的员工）将多少精力投入业务中。某些价值观造就了适应特定时代的创业精神，包括从1815年开始的英国，从19世纪30年代开始的美国、比利时和法国，以及19世纪下半叶的德国和普鲁士。这种精神是大繁荣所必需的。

大繁荣是一种由共同价值观培育而成的社会现象，但在一个充满活力的经济中，每个人都必然是自为地参与其中。相比社会生产函数中的传统输入变量，鼓励人们接受挑战的价值观更加难以捉摸，但正如费尔普斯所说，我们仍然可以去研究、去慢慢理解这些价值观。参与经济"运动"的员工和企业家展现了敏捷的思维和冒险精神，继而为良性经济提供了至关重要的创新。反过来，这种经济又为很多人提供了丰厚的工作报酬，那些有能力成为硅谷机器人工程师的人，以及那些工作需要肌肉、社交能力、组织能力和实践能力等的人。

不久前，运动和工作之间的界限就已经变得相当模糊了。弗兰克·扎诺夫斯基（Frank Zarnowski）在《美国工作类运动》（*American Work-Sports*）一书中记录了 19 世纪 50 年代（在板球运动高潮过后、棒球盛行之前）美国排名第一的团队运动：消防队员的集合。消防队员按照标准规则参加比赛，比赛内容主要是他们能把水抽多远、抽多高。报纸纷纷报道消防员运动，明星消防员也很出名，每次消防员集合都能吸引近 3000 名观众。从铺设铁轨、伐木、凿岩，到排版、听写等办公室运动，许多其他的"工作类运动"也非常受欢迎。1938 年，美国各地约有 100 万观众观看了剥玉米比赛，这还不包括收听现场广播的听众。打字机制造商赞助了一些受欢迎的、打字速度快的打字员，大批观众聚集在一起观看冠军对决。

用体育运动做类比，可以有助于解释某些企业战略。我们已经习惯了高管们在推动各种增长计划，所以如果问"你为什么需要增长？"，就显得有些古怪了。很少有高层管理人员说，公司的商业机会正在减少，竞争对手太强大，与他们对抗的成本太高，因此计划以适当的速度缩小规模。也许增长是企业默认的当务之急，企业往上走，才可以让员工去解决真正的问题。一家停滞不前的公司，无论多么有利可图，员工上班都找不到一个核心由头。这一点也不好。甚至说，兼并和收购也可能是避免无聊的策略。考虑到兼并和收购很少会提高收购方的股价，那么由此而生的新挑战或许是其吸引力的一部分。[25]

在适当的条件下，即使亏损，职场上的胜利也能让人品尝到喜悦的滋味。20 世纪 90 年代中期，我的上司在日本第一劝业银行的上司保坂先生曾从东京总行到我这边出差。他想为一个重要客户赢得一笔战略交易，而这笔交易很可能赔钱，我问他，这行吗？他回答说："我们还有其他赚钱的方法。"我把这些指示看作对简单化工作模式（以时间和努力换取经济补偿）的一次漂亮的正面攻击。怀疑的人可能会说，这就是一次亏损领先（loss leader）策略，以亏损的价格吸引客户，保坂先生计划后续再从客户那里赚更多的钱。但我知道他不是这个意思。他只是想要这场胜利。

目的性与自为性的平衡

Willful

HOW WE CHOOSE WHAT
WE DO

——

现在，我们准备扩展之前的图，最后再看看行为的各主要类别。在此过程中，我们将解决下面这个问题：认识到目的性领域和自为领域之间的界限有什么好处？

在更新后的行为模式图（见下图）中，目的性选择的替代方案出现在每一个自为行为类别下方的括号中，而其右边的内容描述了我们是如何用理性来向自己隐藏自为行为的重要性的。如果坚守既定信念，我们就会编造理由，不相信反方观点。如果将不可预知的利他行为定义为目的性行为，我们可能会解释说，"善有善报，恶有恶报"，这是在积攒福报。最后，对于一段时间内的行为，我们会在冲动行为后追溯，提供"合理"动机。

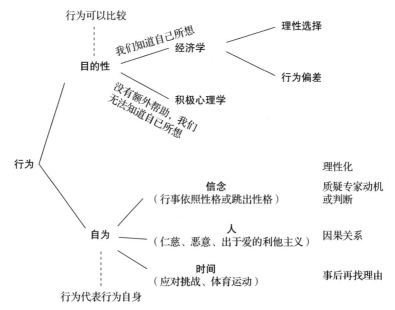

更新后的人类行为模式

一、理性选择

哪种烤奶酪三明治更好？是格鲁耶尔干酪，还是切达干酪？就我而言，格鲁耶尔更好。哪个娱乐项目更好？是摩天轮，还是过山车？可能是摩天轮，但这取决于具体情况。那么，烤奶酪三明治好，还是坐摩天轮好？好吧，这个问题就更难了。如果断章取义，唯一明智的答案就是："它们是不同的，你无法比较。"但在生活中，我们必须做出选择。我可能会勉强接受次优的奶酪，或干脆不吃三明治，带孩子们去游乐场（遗憾的是，他们大了，不适合去游乐场了，但你懂我的意思）。假使我过着理性的生活，正在用有意义的方式做优化，满足偏好所需，那么面对狭义上无法比较的选项（两种奶酪或两种游乐设施），我也必须做出选择。为了充分利用有限资源，必须回答"哪个更好"的难题。

我该装修厨房还是去度假？是走风景线路还是赶紧回家看电视？无论复杂还是简单，比较都是理性选择模型的核心。在行动之前，我们必须根据自身偏好和已有资源来给每个选项赋值。做优化，就是要求我们在每件商品或服务上花费的最后一美元所获得的效用，与在其他商品或服务上花费的最后一美元的效用相同。如果不是这样，我们可以把钱转到能在边际上带来更高满意度的商品或服务上来。

钱，与理性选择模型密切相关，但对于计算却并非必不可少。"你愿意多花多少钱再买一个苹果？"这样的问题可以换成

"你愿意为多一个苹果多工作多久？"这两个问题一样，但对于第二个，我们将商品价格除以时薪。在分析不变的情况下，我们可以用工作时间或消耗品来表示选择权衡。为了方便起见，我们用金钱来表示，但同样的逻辑也适用于物物交换经济。

我怀疑，一些人发自内心不喜欢经济学或定量社会科学，正是在面刘这种理论抽象性和广泛可公度性前提[⊖]时，所做出的反应。同样，反感过度关注金钱，可能本质上是对金钱所意味着的计算感到不安。有些人对经济学嗤之以鼻，说经济学有缺陷，未能预测到最近的经济危机，也许他们实际上是在反抗整个经济学。他们可能反对的是，理性选择将所有选择压缩到一个共同的度量标准中，或者反对只关注理性选择导致忽略了生活中自为的一面。

无论是从货币，还是从其他方面来看，理性选择都与一种观点密切相关，即人们可以在一个共同尺度上量化每种欲望的愿望程度。如果你觉得以上听起来很机械，那么想想杰里米·边沁（Jeremy Bentham）的可笑版本吧。18世纪后期，边沁设计了一种算法，来估计任一决定所带来的快乐或痛苦。他的幸福计算（felicific calculus）结合了14种基本快乐，包括期望、财富、技能、友好关系等，以及12种基本痛苦，并根据每个变量的强度和持续时间等因素进行调整。为了最大化现有限

⊖ 可公度性也可称为可通度性或可通约性。可公度性是指如果两个量是可合并计算的，那么它们可以用同一个单位来衡量。这里是指在经济学定量研究时，以货币对变量来度量，从而构成了广泛可公度性前提。——译者注

制条件下的福利，26 种基本自变量可以相互替代。[1]

在边沁的功利主义中，每一个人生来就被困在幸福计算的枷锁之中，永远无法逃脱。[2]尽管人们的爱好各不相同，但在每种情况下都对应着一个正确的行动方针——你只需算一算就知道了。（公平地说，边沁主要对社会改革感兴趣。他不鼓励人们在做生活上的一些决定时，运用幸福计算法〇。但边沁的功利主义给他的追随者，留下的却是关于人类能动性这一毫无新意的概念。）

至少，理性选择允许个体偏好去随意变化，允许在一定范围内塑造这些偏好。在应用到决策时，理性选择与边沁的功利主义之间的区别在于程度而不是类别。在两种情况下，选择都变成了一种被动的计算。

因此，理性选择将人们想要的东西简化为一个词：更多。这个更多是一维的，因为一切都是可以比较和评估的。这种观点认为，未能达到更多完全是出于运气不好或决定错误。

二、行为偏差

目的性选择对非最优化行为的解释是行为经济学。这个领

〇　边沁把他用来计算幸福的方法叫作幸福计算法（felicific calculus）。首先，计算出一个特定的行为会带来多少快乐，计算过程中要考虑到快乐持续的时间和强度，以及带来进一步快乐的可能性。然后，减去这一行为可能引起的痛苦。计算所得即为该行为的幸福值。你可以将一系列可以选择的行为进行比较，然后实施带来最大幸福值的行为。——译者注

域研究的是系统性错误，而我们可以通过认识到自己的偏见和思维捷径来纠正错误。

对于一个相信赌徒谬误（gambler's fallacy）的人，我们应该不难说服他，说在前五次都是红色的情况下，轮盘下一次旋转，球不太可能落在红色上，或者黑色不可能追上来。

一个表现出损失厌恶（loss aversion）的人可能会拒绝一个有 50% 概率赢 2 美元和 50% 概率输 1 美元的赌注。她付出了很大的代价来避免小额损失，因为只要损失，她心理上就不舒服。（这与风险规避不同，后者应对的是大规模损失。）如果你从事的是承担金融风险的工作，那么最好不要有这种偏见。

当一件事发生后，你可能会觉得自己预见到了它的到来，而且一直都知道它要来，但你其实并没有。行为经济学家将此称为后见之明效应（hindsight effect）。这种偏见很危险，它将结果视为不可避免的，会让人很难从经验中吸取教训。

区分行为偏差、理性选择和自为行为并不总是那么容易。

1. 偏见大多是理性的选择

有时，被归类为行为偏差的现象实际上是一种变相的理性选择。例如，假设中奖概率非常小，人们就会把彩票销售归咎于乐观偏见（optimism bias），或者仅仅是高估小概率事件的偏见（bias toward overestimating small probabilities）（该偏见与将小概率视为零的偏见一体两面）。但我们不必诉诸认知偏差来解释彩票的问题。也许人们买彩票就是为了激发对财富的幻想，从而忘却现有的烦恼。正如亚里士多德提醒我们的那样，"（一个人）认为他会得到他想要的东西，情绪上是愉快的；但没有人想要那些对自己来说似乎不可能实现的东西"。[3] 买彩票让快速致富的梦想从不可能变为可能，有些人肯定会觉得这很有吸引力。

2. 偏见大多是自为的

识别自为行为很困难，以至于特别容易将这些行为错误地归类为行为偏差。正如我们在第二部分中看到的，对自己的观点抱有信心，是维持个人身份的核心。我们倾向于相信自己。或许在观察者看来，这是优化失败的表现，但这与目的性考量无关。如果我们忽略了这种区别，可能会将一种既自然又必要的行为误认为是乐观偏见中的过度自信，而乐观偏见又被称为"最重要的认知偏差"[4]，或者我们可能将其判断为确认偏误（confirmation bias），即倾向于关注并记住那些证实我们观点的信息。

忽略偏差（omission bias）是指在有道德后果的决策中，倾向于不作为。在电车难题里，很多人不太可能把那个胖子推下去，但如果胖子踩在香蕉皮上滑倒了，掉到铁轨上救下 5 个人，这些人也不太可能去扶住他。正如我们在第七章中所看到的，不管怎样，这个选择本身就是自为的。也只有当我们假设任何对他人的关心必须作为关心型利他行为进入效用函数中时，它才看起来像是一种偏见。

同样，如果我们坚持认为所有行为都是有目的的，可能会将长期坚持一项计划的困难归因于双曲贴现（hyperbolic discounting）。今天，我们偏好一种消费，明天，又偏好另外一种。我们甚至会付钱，退出我们之前选择的计划。但正如第八章和本书在线技术附录（网址：www.willful-appendix.com）中所讨论的，这不是行为偏差；相反，跨期选择属于自为领域。

三、积极心理学

在上图中，目的性行为的最后一个分支是积极心理学，或幸福研究。该领域认为，研究看似满足他人的事物，可以教会我们了解自己的本性。其隐含假设是自述的幸福与真实的事物相对应。但当被问到"你快乐吗？"你会很自然地想，这是与什么相比？我可以根据过去的感受或想象中周围的人的感受，来对比报告我的幸福感。因此，幸福研究的主要实证结果并不意外：所声称的幸福更多地是收入增长率（习惯）和相对收入（竞争）的函数，而不是收入水平本身。[5]

该领域最近强调了"心流"对于提升自我幸福感的重要性。正如马丁·塞利格曼（Martin Seligman）所说，这就像是"与音乐融为一体"。[6] 为了获得更多"心流"，桥牌高手塞利格曼建议选择与你的天赋相符的挑战（如果相信他的话，那么我应该放弃学习日语）。

塞利格曼的"心流"与自为领域有一些共同元素：克服障碍，强调游戏性而非效用最大化。不过，塞利格曼更进了一步，他创造了一种幸福感的量化方法。他并没有把这种方法当真，也没有太深入边沁的领域，但他确实将"心流"或"投入（engagement）"作为幸福感的一种输入变量。这就产生了一个矛盾：当你与音乐融为一体时，你不能进行评估、比较或优化。正如我们所见，这是塞利格曼永远做不到的事情。我们不能把"心流"或"投入"作为公式的一部分，进行量化和最大化。

四、自为

在自为领域有一些行为出人意料，或非按计划发生，例如举动出格、迎难而上，以及固执己见。在自为领域，按个人意志做事是关键。

我们很难抗拒将所有行为都置于目的性领域。如果人们喜欢冒险、感觉、挑战和克服障碍，为什么不把这些都塞进传统的理性选择框架中呢？如果成功概率要么接近0，要么接近100%，理性人难道就不能为克服此类挑战分配一个低效用吗？如果人们喜欢按性格行事，偶尔做一些利他的举动，为什么就不能为这种举动定价呢？如此一来，就可以解决相应的最大化问题，而理性选择似乎就可以有效运作了。[7]

但是，正如我们所看到的，这是不可能的。有些选择完全不可衡量，只存在于自为领域。三大类行为，即按身份行事、利他行为（仁慈和出于爱的利他行为）以及跨期个人决策，将不同于奶酪与奶酪之间的选择，甚至不同于奶酪与摩天轮之间的选择。这些行为本就不适合优化问题。

我在本书中提出了各种论据，表明目的性选择并不能解释所有的行为。仅仅想一想潜在的新想法就会引发"怀疑的怒火"，所以对于那些我们认为我们知道的东西，我们很坚持。扩展身份的信念会导致新的偏好，而在没有外部力量来指导我们构建潜在身份的情况下，没有明确的优化方法。我们还看到，某些利他行为（不是全部）是自发的、不可预测的。其他因素超越了目的性选择，在这里更重要。最后，我们从数学上证明，除非我们做出奇怪的、不合情理的假设，否则不可能对不同的跨期消费安排产生偏好。从本质上说，所有这些论点都有一个共同的直觉：意志行为不能源于服务偏好的被动计算，否则将不再是意志行为。

所有行为都是有目的的这一理论的最后防线可能是："那又怎样？这只是一个模型，人们从来不认为这是对世界的完美描述。"但我不认为这有说服力。正如我们所见，目的性模式无法解释很多生活中的重要领域。还有一种观点认为，将行为归类于自为就是放弃去理解它，我对此也不认同。诚然，我们很难看到如何用严谨的理性选择来为自为行为建模。与处理一般问题的数学不同，自为关注细节，因此难以抽象。但是，自为分析提供了新的洞察力，对许多实际问题都很有启发。

五、没有别的原因

理解目的性与自为这两个行为领域之间的界限，我们可以从几个方面受益。当我们谈论自为时，"利益"可能是一个奇怪的词，但要问我们能从这一切中得到什么，也很正常。首先，可以帮助我们在传统意义上变得更有效率。我们已经讨论了，如何通过看到目的性开始不起作用、自为开始起作用，从而成为更好的经济学家、投资者、企业管理者、慈善家或政策制定者。其次，认识两者的差异，对于那些我们试图归类为病态的行为，可以更轻松地应对，并且仍留有通过研究偏见和启发法来改进的空间。最后，可以减轻我们生活中的分裂感。在理性选择领域，以上每一种考虑（甚至最后两个）都是有益的。当我审视自己的愿望清单时，我肯定能更坦然地面对自身的缺点，更自然地接受自身的不同。如果真的到了紧要关头，我想我可以告诉你，为了换一间稍微大一点的厨房，我愿意让渡多少。

让我们再看一下第四章中的一个例子，机构投资者如果能够区分目的性行为和自为行为，将会赚到更多的钱。他们会放松对目的性领域"最佳实践"的反身性[○]假定：指标、市场效率、数学模型、将预期收益归因于各种风险因素，以及基于风险收益测量的分析。相反，他们会接受机会是独一无二的。每一个

○ 反身性，即相互决定性。这里指的是传统经济学中变量的相互决定性，脱离实际的理想化假定前提。反身性理论是传统经济学理论的全新的突破与完善，其建立的基础分别是：对传统经济学中的均衡性的质疑、人类理解认知活动的不完备、社会科学研究方法与自然科学的完全不同性、参与者偏向及参与者思维对参与对象的相互影响等。——译者注

机会都代表着自身。拥有"在场"信息而无法完全传递给他人的那些人需要采取行动。大卫·李嘉图在滑铁卢战争前夕购买英国政府债券时，就是这么做的，其他许多成功的投资者在此之前和之后也是这么做的。一家机构如何能不轻率地实现类似的自为冒险？这也涉及具体细节。没有，也不可能有一般性的答案。

在寻求满足愿望的过程中，除了改善结果之外，承认自为让我们可以去接受那些无法用目的性选择合理解释的特定行为。继续工作，直到你能负担得起退休。你喜欢自己修剪草坪，就不要让理性选择的逻辑强迫自己雇用一个园丁。坚持你的信念，与那些反对你的人争论——你可以坚持自己的立场，而不用觉得自己是出于恶意而辩论。当电车来临时，推还是不推那个胖子，都取决于你自己。即使你知道弊大于利，你还是为陌生人护住地铁门。你不需要为没有效率的利他行为找一个合理的借口，就像善良的撒马利亚人把所有注意力都集中在一个陌生人身上一样。回答"没有别的原因"，就足够了。

对我们这些沉浸在理性选择理论中的人来说，试图使行为与单一理论相符合会感到方向迷失，而接受这两个领域的共存就是一种心理治疗。在本书中，我举了一些例子，展示了个人试图整合抽象概念，或者从理性的角度来理解个人选择，但结果都失败了。在跨期选择的讨论中，一个运用理性模型的人，必须在现在的自我和未来的自我之间进行一场无法胜利的斗争。同样，如果一个人考虑的内容会改变她的信念，那么她可能会变成一个有新偏好的人，她是在"与自己辩论"。困在这种思维模式中，她不得不想象每一次行动可能带来的新身份，然后将最终决定权交给一个站在超脱视角俯瞰整个情景的外人。正如本章开头图中所描述的那样，接受我们行为的两重性，可以为"交战"的自我缔结和平条约奠定基础。

经济学研究，现在甚至在高中也很普及，它传达了一种异化，即以抽象主体（代表潜在的自我进行计算）的角度来看世界。经济学专业的学生学会将自己和其他人视为约束下优化固定偏好的主体。学习博弈论，他们开始将对手视为寻求个人优势的主体，并了解到对手也是这么看他们的。研究表明，学习经济学的人在做类似"最后通牒博弈"这样的游戏时也并不太合作，但这又完全是另一回事。[8]

不管学习经济学是不是让学生变得自私，这种思维习惯显然导致了对生活的机械理解。知识变成了一种工具，用来穿行在世界中。将所有动机简化为一个单一的抽象概念，导致我们越来越远离具体的、独特的个体。理性选择经济学让我们脱离了鲜活的日常生活。

这并不是说，我们应该放弃研究经济理论，而是说应该反思其存在的问题。现在教经济学的时候，我会很谨慎地处理自为领域。要认识到，即使无法解释"为什么"，我们的思维过程也并没有因此而受损，也许我们可以保护自己避免受经济理论的过度影响。或许经济学老师（包括我在内）应该知道什么时候该"离孩子们远一点"。

但是"孩子们"还是应该学习经济学。有着稳定偏好的理性人竭尽所能进行优化，他们看待世界的角度带来了数以百万计的、大大小小的新见解。为什么一月份的时候，休斯敦人的房子比多伦多人的房子更凉快？根据理性选择，答案就是：更厚的墙壁和更高效的加热器在寒冷的天气里是最佳选择。因此，冷的时候，在多伦多室内升温的额外成本更低。为什么提高工资会减少犯罪？理性选择将犯罪视为一种职业。一旦获得高工资的机会变多，不满现状的罪犯就会通过改邪归正来提高个人效用。

不过，没有人需要像我曾经那样，坚信理性选择可以解释一切。生活很复杂，为什么要这么想呢？认识自为领域，不仅让我们更能理解实际问题，还让我们与自己的选择建立更紧密、更有机的联系。

注　释

第一章　冒险：跳出选择的目的性

1. Schopenhauer, *World as Will and Idea*, 1:29.

2. Williams, "Persons, Character and Morality," 18.

3. See Loewenstein, "The Weighting of Waiting."

4. Keynes, "My Early Beliefs," 96.

5. 这些观点可以在大卫·休谟的《人性论》（*Treatise of Human Nature*）中找到，他在该书中说："理性是而且只应当是激情的奴隶，除了服务和遵从激情之外别无他责。"（415 页）以上观点再次出现在亚瑟·叔本华的《作为意志和表象的世界》（*The World as Will and Idea*）和《充分理由律的四重根》（*On the Fourfold Root of the Principle of Sufficient Reason*）中，以及弗里德里希·尼采在《权力意志》（*Will to Power*）中写道："我们意识到的一切都是终结现象，一个终点而无任何结果……我们试图通过相反的概念来理解这个世界。"（265 页）

6. Dostoevsky, *Notes from Underground*, 21.

7. 同上 , 25.

8. Nietzsche, *Philosophy in the Tragic Age*, 54-55.

第二章　人类行为的二分法

1. Kierkegaard, *Either/Or*, 163-164.

2. 新古典经济学可能会受到完美交易假设的挑战，即市场处于均衡状态，而且许多人已经考虑到这个问题。交易可能会因一些问题而中断，如商品异质和信息不对称、合同履行不完美、价格形成通过战略讨价还价而非瓦尔拉斯拍卖商制定、纯粹的欺骗等你能想到的因素。在这种情况下，观察到的行为将不符合新古典模型，经济学家的政策处方也将不适合现实世界。例如，参见 Kohn，"Value and Exchange"，但这不是我们的重点，在这里，我们关注的是个人层面的动机。

3. Thaler, "Consumer Choice," 43-47.

4. 这种逻辑类似于阿罗的不可能定理，即投票方案不可能完全体现社会偏好。例如，参见 Arrow, *Social Choice*, 46-60.

5. Simon, "Rational Choice."

6. Nietzsche, *Thus Spoke Zarathustra*, 33-35.

7. Hsee et al., "Overearning," 852-853.

8. Richtel, "Can't Take It with You."

第三章　性格决定行为

1. Whitman, "Song of Myself."

2. 在《经济与身份》（"Economics and Identity"）一文中，阿克洛夫（Akerlof）和克兰顿（Kranton）根据理性选择理论对身份进行建模。在他们的设置中，每个人都被分配到一个身份组（例如，某个性别），不同身份对不同类型的行为有其相应偏好。个人的效用函数包括符合指定身份（否则会导致身份淡化，令人不快）和偏好具有相同身份的其他人做出指定行为。违反者或"特立独行者"会削弱群体凝聚力。人们可能会威胁特立独行者，要以嘲笑或排斥的方式来惩罚他们，以试图约束他们。这对惩罚者和被惩罚者来说都需要成本，所以当惩罚者的成本低，他们对群体一致性的关注度高，潜在的特立独行者很容易被威慑时，惩罚是值得的。该模型可以解释工作场所的歧视、社会排斥、按性别划分职业，以及某些方面的家庭时间分配（例如，如果妻子更愿意按照传统角色行事）。作者指出，规则可能发生变化。事实上，在不到 20 年的时间里就已经变了。他们的一些例子感觉像是从时间胶囊中走出来的，比如被男老板称为"办公室妻子"的秘书。今天重读阿克洛夫和克兰顿的文章，人们会对社会进步成果感到震惊：更宽松的规则和更少地服从压力。与阿克洛夫和克兰顿相比，我在更广泛的意义上使用"身份"来指代个人态度和信仰。这种"身份"可以容纳一些其他东西，如对性别角色的反抗。更重要的是，它包括的行为并非源于任何特定群体，如一个人相信非传统医学，而依据阿克洛夫和克兰顿分组的组内其他人不相信。

3. Peirce, "Fixation of Belief."

4. Kierkegaard, *Fear and Trembling/Repetition*, 132-133.

5. 琼·罗宾逊（Joan Robinson）1986 年在《经济学杂志》（*Economic Journal*）上写到，每当有人指责凯恩斯前后矛盾时，他都会说这句话，但没有直接证据将这句名言与凯恩斯联系起来。《华尔街日报》在 1978 年援引了保罗·萨缪尔森的话，也将类似的言论归于凯恩斯。为了严谨分析这句话的出处，请参阅 http://quoteinvestigator.com/2011/07/22/keynes-change-mind/（2019 年 2 月 7 日访问）。

6. Nyhan et al., "Effective Messages in Vaccine Promotion," 835.

7. Twain, *Tom Sawyer Abroad*, 77.

8. Hayek, "Use of Knowledge."

9. 英国最高法院关于雷曼兄弟国际（欧洲）（行政方面）和依据 1986 年破产法相关规定的判决（2012 年 2 月 29 日），全文参阅 https://www.Supremecourt.uk/cases/docs/uksc-2010-0194-judgment.pdf（2019 年 2 月 7 日访问）。

10. Russell, *Problems of Philosophy*, 96.

11. Darwin, *Life and Letters*, 310.

12. Kierkegaard, *Fear and Trembling/Repetition*, 43. 不管约翰·洛克菲勒
（John D. Rockefeller）有什么缺点，他都是一位信仰骑士。1930 年 3 月，
在大萧条最黑暗的日子里，洛克菲勒中心在纽约破土动工。他后来
说："很明显，我只有两条路可走。一条路是放弃整个开发项目，另一
条路是在明确知道我必须自己一个人建造并融资的情况下推进这个项
目。"[丹尼尔·奥克伦特（Daniel Okrent），《大财富》（*Great Fortune*），
70 页。] 注意这句话中的"我""自己"和"一个人"。洛克菲勒本可
以通过购买多元化的股票投资组合，以更低的风险赚更多的钱，但他
已经很富有了，他不想这样做。据报道，另外两名信仰骑士约翰·雅
各布·拉斯科布（John Jakob Raskob）和阿尔·史密斯（Al Smith）在
1928 年 11 月的总统竞选中输给赫伯特·胡佛（Herbert Hoover）后，为
了重振精神，计划建造世界最高建筑。1929 年 8 月 29 日，他们宣布
建造帝国大厦。史密斯和拉斯科布在股市崩盘时筹集资金，于 1930 年
3 月的圣帕特里克节破土动工，并于 1931 年 5 月 1 日开门营业。[伯
曼（Berman），《帝国大厦》（*Empire State Building*），11 页。]

第四章　金融市场淘金：解析冒险行为

1. 有效市场假说的坚定信徒甚至会否认市场"泡沫"的存在。至少在某些
情况下，他们是对的。例如，大多数人认为 17 世纪的荷兰商人疯了，
把郁金香的价格哄抬到难以置信的高度，并在价格最终崩溃时引发了经
济危机。根据彼得·加伯（Peter Garber）在 1989 年发表的一篇剖析郁
金香热现象的文章，现代人对郁金香热潮的引用是基于 1852 年对其的
简要描述，而这一描述又引用了不可靠的二手资料。加伯的调查表明，
稀有球茎的价格从 1634 年到 1637 年确实在飙升，然后逐渐下跌。和
风信子一样，对郁金香来说，稀有球茎价格的短暂上涨是正常现象。一
种罕见的球茎可以通过无性繁殖，让供应量一年翻一番，因此买家可以

在价格下跌时出售新长出来的球茎，收回最初的支出。唯一真正奇怪的是，普通球茎的价格在 1637 年 1 月暴涨，然后在那年 2 月暴跌。这一飙升似乎是交易员在酒吧里胡闹的结果——他们没有为合同投入资金，没有钱支付，也许也不期望合同会得到执行。没有任何关于经济困境的可靠的同期记录；投机造成的只是财富的转移，而最终的财富转移却很少。

2. Zeckhauser, "Investing in the Unknown and Unknowable." 李嘉图说服托马斯·马尔萨斯（Thomas Malthus）和他一起购买债券，但马尔萨斯临阵退缩，赚得小利后就卖出债券。

3. Smith, *Wealth of Nations*, 64. Emphasis mine.

第五章　集体中的自为决策

1. 即使创业者成功说服了风险投资家，之后也仍有许多沟通障碍。企业诞生之初，必须传达的信息是最私密、最独特和最个人化的。因此，创业公司的初始资金通常来自那些与创业者的愿景紧密联系的人，如家人和亲密朋友。接下来是"天使投资人"，就是那些使用自己的钱投资的富人。通常，天使投资人已经认识了创业者。当业务发展到一定阶段后，就可以进行风险投资了。在一定程度上，创业者可以期待与准备冒险的风险投资家建立个人关系。但如果目标是公开发行股票，公司必须提供大量可自由传播的信息。隐私和密切的个人关系，则被更大的投资团体，以及管理者和公众投资者之间的非个人联系所取代。当交易从亲密的个人圈子扩大到普通大众时，沟通信念就变得更加困难。

第六章　利他行为

1. 在商业中，合作行为有两种好处。首先，不可能在合同中预先考虑到所有可能发生的情况。即使有可能，合同的监督和执行成本也会很高。可以指望有公平交易声誉的一方，即使在法律上没有义务遵守书面或非书面协议的精神，他们也会这样做。其次，当法律或社会习俗禁止转移资金时，重复交易可以让我们从彼此支持中获利。今天，如果你得到的比我付出的多，我会帮你。将来，也会有你帮我的机会。我们必须互相信任。

2. Roth 等，"Bargaining and Market Behavior."在多人游戏中，提议者保留几乎所有东西，而回应者接受少量分配的提议。这 4 个城市中都存在这种情况，并且在玩了几轮游戏后，这种情况在增加。当对手是一群人而不是个人时，显然不能以同样的方式适用之前的规则。

3. Andersen 等，"Stakes Matter."与礼仪一样，公平和惩罚不公平的社会规范在各个社会中各不相同。根据 Henrich 等人的研究 [《市场与宗教》("Markets, Religion")《严厉惩罚》("Costly Punishment")]，社会市场化越高，提议者提供的份额越大（例如，加纳阿克拉市的工资劳动者与坦桑尼亚草原上的游牧觅食者形成对比）。例如，在玻利维亚丛林中以狩猎和采集为生的齐曼人，提议者平均只提供了 26% 的份额。在所有研究的 15 个社会中，提议的份额越低，被拒绝的频率就越高，而不同社会的拒绝率差异很大。最值得注意的是，在那些小社区和市场经济程度不高的地方，人们更有可能接受低份额提议。例如，斐济亚萨瓦岛 85% 的居民（从事园艺和海洋觅食）接受了低至 10% 的份额，而 100% 的埃默里大学新生和古斯族人（在肯尼亚高原地区进行混合农业劳动的农民或工资劳动者）都拒绝了所有低于 40% 的份额。显然，在匿名市场交易方面经验较少的社会，尚未就此类交易制定出成熟完善的公平规范，所以参与者追求最高的回报。

4. Becker，"Theory of Social Interactions,"1074-1083. 参见在线技术附录 (www.willful-appendix.com) 有关坏孩子定理的一个简单案例。

5. Singer，"Drowning Child."

6. 正如拉里萨·麦克法夸尔（Larissa MacFarquhar）在《陌生人溺水：前往道德极限的航行》（*Strangers Drowning: Voyages to the Brink of Moral Extremity*）中所描述的那样，极端有效利他主义者将肾脏捐给陌生人。这本书的一个主人公，因为用 4 美元买了一个苹果而不是一个寄给非洲的防疟疾蚊帐，心里充满了愧疚。确切地说，极端有效利他主义者不会促进罗尔斯式的正义，而是寻求帮助绝对贫困的那些人，而一般援助目标是极端贫困人群。这本书的另一位主人公亚伦（Aaron）拒绝帮助无家可归的前女友偿还信用卡债务，因为发展中国家挨饿的人们更需要这笔钱。极端有效利他主义者只会通过睡觉或放松来恢复精力，这样他们就可以赚更多的钱来捐赠。为了优化个人行动效率，他把计算机放卧室里，这样"他就可以从床上下来，只需要一个动作就能按下开机按钮"。（54 页）他甚至觉得，"买的每样东西，哪怕是最便宜的东西，对他来说都像是从垂死之人那里抢来的食物或药品"。（44 页）

7. Smith, *Theory of Moral Sentiments*, 1-2.

8. 就优化问题而言，这在技术上是一个"角点解"。我给零。先不考虑内疚感，如果一个扬基队球迷什么都不给，理论上他会在不被抓到的情况下拿走球队的钱。例外情况是剃刀边缘状态（knife-edge condition），此时，关心即将浮出水面。在这种情况下，一个人什么都不给，并且对给一美元也感到无差别的话，如果有机会，他不会给这个事情出钱。

9. 在这里举一个简单的数学例子来阐明。假设消费者 1 关心消费者 2 和消费者 3，而消费者 2 和消费者 3 只关心自己的消费。以下公式描述了消费者 1 的效用，依赖于所有三个消费者的消费：

$$消费者 1 的效用 = U(c_1, c_2, c_3)$$
$$= \ln(c_1) + 0.75 \ln(4 + \Delta c_2) + 0.5 \ln(14.2 + \Delta c_3)$$

这个公式告诉我们，消费者 2 的初始禀赋比消费者 3 差，分别是 4 个单位和 14.2 个单位。$4 + \Delta c_2$ 是消费者 2 的消费，她从初始禀赋中获得 4 个单位，加上从消费者 1 转移的 Δc_2。$14.2 + \Delta c_3$ 是消费者 3 的消耗，她从初始禀赋中获得 14.2 个单位，和从消费者 1 转移的 Δc_3。$\ln(4 + \Delta c_2)$ 是消费者 2 的效用，$\ln(14.2 + \Delta c_3)$ 是消费者 3 的效用，$\ln(c_1)$ 是消费者 1 从自己的消费中获得的效用。

消费者 1 对消费者 2 消费的加权是 0.75，她更关心自己而非消费者 2 的消费。她对消费者 3 消费的关心更少，权重为 0.5。这不是说消费者 1 自私：尽管她优先考虑自己的消费，但她对他人的关心是真诚的，而且程度相当强烈。

消费者 1 在预算约束下最大化个人效用。假设她的收入是 10，那么她的预算是：

$c_1 + \Delta c_2 + \Delta c_3 = 10$。后两个资金转移都必须是非负的，即消费者 1 不能从消费者 2 或 3 那里拿走钱以产生更好的结果，即：$\Delta c_2 \geqslant 0$，$\Delta c_3 \geqslant 0$。

如果消费者 1 在忽略 $\Delta c_2 \geqslant 0$ 和 $\Delta c_3 \geqslant 0$ 的约束条件下最大化她的效用，她会简单地将自己消费的边际效用等同于消费者 2 和消费 3 的边际效用（加权）。根据我们的数字假设，她希望将消费从消费者 3 转移给她自己和消费者 2。这是因为，消费者 3 太富有了，消费者 3 的消费边际收益（从消费者 1 的角度来看）很小，特别是考虑到消费者 3 的权重为 0.5。

因此，消费者 1 必须施加约束，即 $\Delta c_3 = 0$。她的解是 $c_1^* = 8$ 和 $\Delta c_2^* = 2$。也就是说，消费者 1 通过将 2 个单位转移给消费者 2，不向消费者 3 转移，同时消费剩余的 8 个单位来实现效用最大化。

在这个例子中，消费者 1 关心消费者 3，但考虑到消费者 3 的个人财富，关心还不足以对此做任何事情。

但是现在假设消费者 1 转移到消费者 3 的每 1 美元都会使消费者 3 的消费增加 4 美元（也许消费者 1 的资产价值比消费者 3 高）。在这种情况下，消费者 1 的效用 = $\ln(c_1) + 0.75 \ln(4 + \Delta c_2) + 0.5\ln(14.2 + 4 \times \Delta c_3)$。

根据消费者 1 的预算去最大化以上效用公式，新的解决方案是 $c_1^* = 7.8$，$\Delta c_2^* = 1.85$ 和 $\Delta c_3^* = 0.35$。现在我们可以观察到消费者 1 一直以来对消费者 3 的关心。现在转移给消费者 3，可以提高消费者 1 的效用，而尽管消费者 3 比其他人更富有，并且消费者 1 将 3 的福利对半打折。

这里讨论的一切都是关心型利他主义，完全符合理性选择。

10. Montaigne, "Taste of Good and Evil," 43.

11. See Andreoni, "Giving with Impure Altruism."

12. Busboom, "Bat 21," 30.

13. De Waal, Leimgruber, and Greenberg, "Giving Is Self-Rewarding," 13685-13687. 作者控制了各种偏见，比如猴子是喜欢用左手还是右手。

关于选择指代的内容是对猴子群体隐藏的，以控制受试者出于担心自私行为会在实验后受到惩罚，而做出亲社会选择的可能性。

14. 我们已经说过，利他主义必须让利他主义者付出代价。这个例子满足了（几乎）这一点，因为受试猴子不得不费力地弄清楚哪个是哪个，并竭尽全力做出亲社会选择。受试猴子还不得不抛开担心，即同伴得到的食物最终都来自自己的供应。

15. 这对夫妇经营着一个效率低下的家庭，把让双方都变得更好的机会都抛在了一边。虽然效率低下的家庭证明他们没有表现出关心型利他主义，但效率高也并不足以证明他们表现出来了。例如，他们可能根本不关心对方，但非常善于协调。然后，丈夫可以去遛狗，这样妻子就可以工作到很晚，并将额外的钱贡献给有利于丈夫的共同支出。为了区分关心型利他主义和有效协调，我们必须考虑这样一种情况，即配偶中的一方不知道另一方提高了他的利益。

16. Bentham, *Introduction to the Principles of Morals and Legislation*, 36.

17. Sartre, *Existentialism Is a Humanism*, 30-31.

第七章　公共政策

1. 这不是教科书规范与实证陈述的区别。我假设决策者了解每个人的偏好，包括价值观。例如，环境标准、收入平等、机会平等。有了所有这些信息，决策者就可以在追求帕累托效率时考虑价值因素。

2. Taylor，Rationality，20。泰勒的目标是通过找出没有帕累托有效解的例子，来"推翻"经济学理论。他的书以几个这样的故事开头，讲的是人们拒绝为钱而放弃某些东西。然而，泰勒正在向一个稻草人发起攻击。他没有证明理性选择模型是无用的，只是不适用于每一个决策。

3. Cicero, *De Officiis*, 319-325; Foot, "Problem of Abortion," 23.

4. Cicero, *De Officiis*, 321.

5. 在某种程度上，一些人比其他人更贫穷、更饥饿，收入分配不平等，罗德斯岛缺乏社会保障体系（以确保给穷人分配最少的粮食量），因此必须等待下一艘船的到达。如果商人不披露事实，粮食分配将偏离社会最优。如果每个人都知道更多的粮食即将到来，那么一些较富有、不那么饥饿的人就会等着购买，从而在下一艘船到达之前压低价格，让贫穷饥饿的人能够更快地吃到东西。

6. Thomson, "Trolley Problem," 1397-1399.

7. 但是，如果我们真能排除提问者作弊的可能性，那么对于 25 美元，万亿分之一的赔率应该会吸引很多人。玩 1000 万次，你将有大约十万分之一的死亡概率来换取 250 万美元。为了便于理解，假设一个人可以再活 50 年。十万分之一赔率中的投注，预期生命会损失 262 分钟。假设吸一根烟，以得到 250 万美元。如果你觉得这个赌注风险，可以将赔率定为十万亿分之一。如果你仍然抗拒，我怀疑你无论别人怎么说，都只是不相信提问者会公平。

8. Searle, "Philosophy of Society, Lecture 20," 41:00-58:00.

第八章　改变主意

1. 有关该命题的正式说明和证明，请参见我 2009 年的论文《尼采和生成的经济学》（"Nietzsche and the Economics of Becoming"），有关更一般的进一步证明，请参见在线技术附录 (www.willful-appendix.com)。在与《尼采和生成的经济学》非常相似的研究中，西蒙娜·加尔佩蒂（Simone Galperti）和布鲁诺·斯特鲁洛维奇（Bruno Strulovici）独立证明了同样的结果："一个人如果关心自己在不久的将来（未来不止一时）的幸福，那么他不能是时间一致的。"[《从预期到现时偏见》(From Anticipations to Present Bias)，9 页；另见《重新审视前瞻性行为》(Forward-Looking Behavior Revisited)，13 页。] 这意味着一个人如果向前看超过一个时期，他就不可避免地会改变主意。展望多个时期的人将不可避免地改变主意。在 2017 年的后续研究中，加尔佩蒂和斯特鲁洛维奇将该定理应用于代际转移，用利他主义联系起来的后代取代未来的自我。在线技术附录说明了加尔佩蒂和斯特鲁洛维奇的符号和假设如何进入我的研究。

2. 当然，在对未来行为完全了解的情况下，个人可以实现最大化，因为任
   何函数都可以在规则条件下最大化。在第一阶段，个人选择最好的，并
   预期他将在下一阶段自由选择。然而，最终的消费计划将不同于最优
   计划（假设可以控制未来行为）。有关详细信息，请参见在线技术附录
   (www.willful-appendix.com)。当模型个体由代理人 (或人造人) 构成时，
   模型也会出现一定的稳定性，这些子代理会参与动态的讨价还价游戏，
   并代表个体采取行动。如果短期利益会让人沉溺过多或过于频繁，看重
   长期利益的人会惩罚看重短期利益的人。讨价还价可能会造成拖延，从
   而带来浪费。但是，即使代理人尝试优化自己的首选项，仍然会受到时
   间一致性首选项的限制。有关总结，请参见 Ross,“Economic Models of
   Procrastination”。

3. 为了用数学来表达这些步骤，将 b_t 定义为衡量一个人在 t 时刻的幸福指
   数，即

$$b_t = U(c_t) + \frac{b_{t+1}}{I+\rho}$$

   今天的幸福取决于当前消费所得的效用 $U(c_t)$，以及下一个时期幸
   福的贴现价值。重复迭代导致了以下关于个人目标的表达式，经济学家
   对此都很熟悉，即：在预算约束下最大化

$$\max \sum_{t=1}^{n} \frac{U(c_t)}{(I+\rho)^{t-1}}$$

   其中 n = 期数。在第一个表达式中，最大化 b_t 的解是时间一致的，
   因此从 $t = 1$ 的角度来看，最优路径将在未来时期仍然保持最优。只要 ρ
   大于利率，它就可以成立。有关详细信息，请参见在线技术附录 (www.
   willful-appendix.com)。

4. 形式上，这种分析也适用于代际转移。一个家庭的几代人不可能通过相
   互关系照顾，来规划一条时间一致的路线。但世代互动的方式，与个人
   在不同时期面对自己的生活有着根本不同，因此时间一致性的几乎不可
   能发生，就不那么引人注目了。

5. 这个公式是几何贴现。参见在线技术附录 (www.willful-appendix.com)。

6. 受双曲贴现困扰的人可能更喜欢今天的 50 美元而不是一年后的 100 美元，同时也更喜欢六年后的 100 美元而不是五年后的 50 美元。五年过去了，第二个偏好就会逆转，他会选择立即获得 50 美元，而不是等待 1 年获得 100 美元。

7. Gazzaniga, *Ethical Brain*, 148-149.

8. Libet, "Do We Have Free Will?," 49.

9. Nagel, *View from Nowhere*, 127.

10. Schopenhauer, *World as Will and Idea*, 3:118.

11. 在古代社会，平均每年 2% 的死亡概率与观察到的实际利率往往徘徊在 2% 左右是一致的；也就是说，我们每年因等待可以获得高于通货膨胀率 1%～2% 的补偿。

12. Nozick, *Nature of Rationality*, 14-15.

第九章　经济人与游戏人

1. 1920 年，《政治经济学杂志》（*Journal of Political Economy*）基本上没有方程（当年的唯一方程是会计恒等式）。到 1930 年，15% 的论文至少有一个方程，但没有一个数学超过高中水平。到 1960 年，至少有一个方程的论文，比例上升至 30%。1970 年，这一比例飙升至 90%，高等数学也变得司空见惯。

2. 正如雅各布·维纳 (Jacob Viner) 在 1925 年所写的那样，"有许多人会更加强调愿望实现过程本身的重要性，而不是这种实现所产生的满足感或其他意识状态"。[《价值论中的效用概念》（*Utility Concept in Value Theory*），641 页。]

3. Veblen, "Limitations of Marginal Utility," 620.

4. Skidelsky, *John Maynard Keynes*, 224.

5. Huizinga, *Homo Ludens*, 13.

6. Keynes, *General Theory of Employment, Interest, and Money*, 160.

7. See Dow and Dow, "Animal Spirits Revisited."

8. Sen, "Maximization," 747.

9. 一篇可追溯到 1956 年的实验文献 [Brehm,《决定后的变化》("Postdecision Changes")] 发现，在两个同等价值的选项之间做出选择后，受试者会重新评估这些选项。受试者倾向于增加所选选项的价值评估，降低拒绝选项的价值评估。即使随机选择也是如此，他们倾向于偏爱自己的选择，比"买家的悔恨"更重要。但是，如果计算机为他们挑选，那么他们就不会增加价值评估。不知何故，如果选择源于个人意志的自由行使，他们就会接受这个选择。[参见 Sharot、Velasquez 和 Dolan,《决策会影响偏好吗》("Do Decisions Shape Preference?")。] 虽然这些实验表明消费者关心选择本身，但我不会说"选择影响偏好"。对于经济学（如果不是心理学的话）来说，"偏好"表示人们实际选择了什么，而不是他们如何评价已经做过的事情。

10. Smith, *Wealth of Nations*, 18.

11. See Delmonico's Dinner Menu, 1899.

12. Iyengar and Lepper, "When Choice Is Demotivating."

13. Tversky and Shafir, "Disjunction Effect," 305-306.

14. 个人理财顾问建议按预算生活，但许多人反对这个建议。我们希望每个支出决定，都尽可能地感觉像是一种独特的意志行为。

15. Oprea, "Survival versus Profit Maximization," 2227, 2234-2235.

16. Plutarch, *Lives of Illustrious Men*, 438.

17. Ricardo, *On the Principles*, 158-170.

18. Knight, "World Justice, Socialism, and the Intellectuals," 442.

19. See Karabarbounis, "Labor Wedge," 212.

20. Keynes, "Economic Possibilities," 365-373.

21. 凯恩斯的侄孙的这句话出自 Kestenbaum, "Keynes Predicted."

22. Phelps, *Mass Flourishing*, 19-40; Phelps, "The Good Economy," 6.

23. Nutton, "Seeds of Disease," 11.

24. 要理解为什么这些发现从未发展成商业和商业活动，我们可以参考亚里士多德的观点。他贬低追求物质幸福的工作。亚里士多德区分了手艺人所需的技术知识和哲学家管辖的抽象知识。他认为，既然只有人类才会进行理性思考，那么理性思考必定是我们的最高目标。技术知识解决了我们对食物和身体舒适上的需求（和动物一样）。事实证明，这种态度很难动摇。正如安杰依·拉帕钦斯基（Andrzej Rapaczynski）所说，"基督教和贵族世界提供了……一种非常强大的工具，将亚里士多德的思维方式一直带到我们这个时代"。[《经济生活的道德意义》（*Moral Significance of Economic Life*），5 页。]

25. 例如，参见 Alexandridis, Petmezas, and Travlos, "Gains from Mergers and Acquisitions", 1671.

总结目的性与自为性的平衡

1. Bentham, *Introduction to the Principles of Morals and Legislation*, 29-42.

2. 约翰·穆勒（John Stuart Mill）生来就是功利主义。他父亲的好友边沁，从小就对他进行理论教育。难怪约翰二十岁时就精神崩溃了。

3. Aristotle, *On Rhetoric*, 116.

4. Kahneman, *Thinking, Fast and Slow*, 225.

5. 我还想知道，跨国幸福数据在多大程度上只是用来衡量，不同文化背景的人面对调查的不同反应。根据《2016 年全球幸福指数报告》（Helliwell、Layard 和 Sachs），欧洲最贫穷的国家摩尔多瓦，人均 GDP 为 1900 美元，比 2004 年人口普查时减少 10%，平均预期寿命为 67 岁，排在韩国（人均 GDP 为 2.8 万美元）之前。它几乎与意大利（人均 GDP 为 3 万美元）和日本（人均 GDP3.7 万美元）并列。在欧洲游客人数最少的国家中，摩尔多瓦仅次于列支敦士登和圣马力诺，这两个国家的人口约为摩尔多瓦人口的 1%，而游客人数却是摩尔多瓦的一半。摩尔多瓦 2016 年接待了 12 万名游客。相比之下，韩国的游客人数为 1700 万，意大利的游客人数为 5200 万，日本的游客人数为 2400 万。中国香港地区人均 GDP 为 4.3 万美元，每年接待 2700 万游客，其幸福指数与索马里并列，而索马里人均 GDP 为 450 美元，且没有旅游业。（有关数据和比较，请参见 worldbank.org，imf.org 和 unwto.org) 也许在日本、韩国和意大利，人们不愿吹嘘，而那些专制政权下或文化规范不鼓励抱怨的人会说，不管他们的处境如何，他们都很快乐。

6. Seligman, *Flourish*, 11.

7. See Heckman, "Comment."

8. Wang, Malhotra, and Murnighan, "Economics Education and Greed," 655.

致　　谢

首先，我由衷感谢我的编辑赛斯·迪奇克（Seth Ditchik）。赛斯在 9 年前构思了这本书，并在我多次偏离正轨的时候，一次又一次把我带了回来。记得我们第一次见面时，他将信息提炼成这样一句话，清晰精练："除了理性选择和行为经济学，还有第三个东西在影响着世界，我认为应该专门写一本书。"

耶鲁大学出版社有着一支优秀团队，团队成员工作努力、热心帮助。凯伦·奥尔森（Karen Olson）和安 - 玛丽·因博尔诺尼（Ann-Marie Imbornoni）温文尔雅，把最早的一个 Word 文档最终编写成为一本书。他们之前就告诉过我"朱莉·卡尔森（Julie Carlson）是一位很棒的文字编辑"，事实也确实如此。朱莉，感谢你对每一页的精益求精。

这些年来，很多人都无私帮助了我。我感谢埃德蒙·菲尔普斯（Edmund Phelps），他告诉了我新古典经济学并不是全部；还要感谢詹姆斯·赫克曼（James Heckman），他让我给予新古典经济学应有的尊重。除了以上两位教授，没有人比我的儿子内森（Nathan）教我更多了。我感谢2012年、2014年、2015年、2016年和2017年秋季学期在哥伦比亚大学国际与公共事务学院参加我的研讨会"个人选择的基础"的学生，他们让我不断检验与完善我的资料。我要感谢大卫·尼伦伯格（David Nirenberg），他两次在我需要的时候鼓励了我；感谢斯蒂芬·科斯林（Stephen Kosslyn）、罗伯特·基尔南（Robert Kiernan）、马修·惠特曼（Matthew Wittman）、迈克·伍德福德（Mike Woodford）和凯特琳·库珀（Caitlin Cooper），他们做的不仅是修正，而且是积极的反馈；感谢杰夫·弗里德曼（Jeff Friedman），他教会了我如何清晰地思考我们所能知道的局限性；感谢罗曼·弗莱德曼（Roman Frydman）、卡拉·韦斯伯德（Cora Weissbourd）、瓦莱里娅·赞瓦罗基娜（Valeria Zhavoronkina），特别是还有一位匿名评审。萨莉嘉·班萨尔（Sarika Bansal）友善地阅读了这本书的原稿，为我提供了许多文字上和概念上的修改意见。

2015年到2016年的那个冬天，早晨与周末，我在格罗夫街（Grove Street）与我的女儿爱丽丝（Alice）并肩工作。爱丽丝在为她关于梦的奥秘的书做提案，而我在写《决策背后：什么影响了我们的选择》。这是一个快乐而富有成效的时期，我和她探讨了我的很多想法，感谢她的所有意见。

如果没有凯特琳·坎贝尔（Caitlin Campbell）的悉心编辑，我将会一筹莫展。不管是事实核查（例如，托尔斯泰的意思不是你认为的他的意思，所以你必须删减那部分或找到一个新的例子），还是想法核查，她的不屈不挠让人惊叹。凯特琳非常聪明、细心，还有耐心。我很幸运能找到她。

我的朋友苏珊·李（Susan Lee）风趣、忠诚、才华横溢，她向我展示了文字清晰如何引导思路清晰，删减夸张的文字不会让我失去任何东西，还教会了我如何写出一本书，让自己的核心朋友圈之外的人也可能愿意去阅读。我将永远承认：一旦我们发生争论，苏珊（几乎）总是对的。我还要感谢她的丈夫肯·维斯哈尔（Ken Weisshaar），苏珊帮助我的时候，他一直是苏珊的参谋，还喂她吃冰淇淋让她坚持下去。

没有里翰·萨拉姆（Reihan Salam），这本书永远也写不出来。里翰读了我的《尼采和生成的经济学》（"Nietzsche and the Economics of Becoming"）一文，并就此写了一篇文章，引起了赛斯的注意。同样感谢授权我引用歌曲的出版商：《真爱无价》（*Can't Buy Me Love*），约翰·列侬（John Lennon）和保罗·麦卡特尼（Paul McCartney）作词作曲，1964 年发行，版权已更新，所有权归属索尼/ATV 音乐出版公司（Sony/ATV Music Publishing LLC），该版权受国际版权公约保护，保留所有权利，经哈尔伦纳德（Hal Leonard LLC）许可转载；《破产》（*Busted*），哈伦·霍华德（Harlan Howard）作词作曲，1964 年发行，版权已更新，所有权归属索尼/ATV 音乐出版公司，该版权受国际版权公约保护，保留所有权利，经哈尔伦纳德许可转载；《墙上的另一块砖》（*Another Brick in the Wall*），罗格·沃特斯（Roger

本书献给我的妻子艾安西·珍妮·杜根（Ianthe Jeanne Dugan）。多年来她在思想和语言上都帮助了我。不知怎地，她每次在和我说"这还不够好"时，都鼓励了我。我随时都愿意跳进河里去救她。